Publicado por
Unilit
Medley, FL 33166

© Copyright 2025 *Unilit Detalles*
Todos los derechos reservados

Dirección gráfica y diseño general: *Adriana Castillo & Lucila Chamorro*
Maquetación: *www.produccioneditorial.com*
Edición: *Nancy Pineda*

Reservados todos los derechos. Ninguna porción ni parte de esta obra se puede reproducir, ni guardar en un sistema de almacenamiento de información, ni transmitir en ninguna forma por ningún medio (electrónico, mecánico, de fotocopias, grabación, etc.) sin el permiso previo de los editores, excepto en el caso de breves citas contenidas en artículos o reseñas importantes.

Las citas bíblicas seguidas de NVI® son tomadas de la Santa Biblia, Nueva Versión Internacional®. NVI®
Propiedad literaria© 1999 por Bíblica, Inc.™
Usado con permiso. Reservados todos los derechos mundialmente.
Texto bíblico: *Reina-Valera 1960*® [RVR60]© Sociedades Bíblicas en América Latina, 1960.
Renovado© Sociedades Bíblicas Unidas, 1988.
Reina-Valera 1960® es una marca registrada de las Sociedades Bíblicas Unidas, y puede ser usada solamente bajo licencia.
Las citas bíblicas señaladas con (LBLA) son tomadas de *La Biblia de las Américas*®. Copyright© 1986, 1995, 1997 por The Lockman Foundation. Usadas con permiso. www.lbla.org.
El texto bíblico indicado con «NTV» ha sido tomado de la *Santa Biblia, Nueva Traducción Viviente,*© Tyndale House Foundation 2008, 2009, 2010. Usado con permiso de Tyndale House Publishers, Inc., 351 Executive Dr., Carol Stream, IL 60188, Estados Unidos de América. Todos los derechos reservados.

ENCUADERNACIONES
493860   Agenda 2026 Mujeres – Tapa Dura – Modelo 1   978-0-7899-2876-4
493861   Agenda 2026 Mujeres – Tapa Dura – Modelo 2   978-0-7899-2877-1
493862   Agenda 2026 Mujeres – PU – Modelo 1   978-0-7899-2878-8
493863   Agenda 2026 Mujeres – PU – Modelo 2   978-0-7899-2879-5
493864   Agenda 2026 Hombres – PU – Modelo 1   978-0-7899-2880-1
493865   Agenda 2026 Hombres – PU – Modelo 2   978-0-7899-2881-8

Impreso en Colombia
Printed in Colombia

2026

Enero

D	L	M	M	J	V	S
				1	2	3
4	5	6	7	8	9	10
11	12	13	14	15	16	17
18	19	20	21	22	23	24
25	26	27	28	29	30	31

Febrero

D	L	M	M	J	V	S
1	2	3	4	5	6	7
8	9	10	11	12	13	14
15	16	17	18	19	20	21
22	23	24	25	26	27	28

Marzo

D	L	M	M	J	V	S
1	2	3	4	5	6	7
8	9	10	11	12	13	14
15	16	17	18	19	20	21
22	23	24	25	26	27	28
29	30	31				

Abril

D	L	M	M	J	V	S
			1	2	3	4
5	6	7	8	9	10	11
12	13	14	15	16	17	18
19	20	21	22	23	24	25
26	27	28	29	30		

Mayo

D	L	M	M	J	V	S
					1	2
3	4	5	6	7	8	9
10	11	12	13	14	15	16
17	18	19	20	21	22	23
24	25	26	27	28	29	30
31						

Junio

D	L	M	M	J	V	S
	1	2	3	4	5	6
7	8	9	10	11	12	13
14	15	16	17	18	19	20
21	22	23	24	25	26	27
28	29	30				

Julio

D	L	M	M	J	V	S
			1	2	3	4
5	6	7	8	9	10	11
12	13	14	15	16	17	18
19	20	21	22	23	24	25
26	27	28	29	30	31	

Agosto

D	L	M	M	J	V	S
						1
2	3	4	5	6	7	8
9	10	11	12	13	14	15
16	17	18	19	20	21	22
23	24	25	26	27	28	29
30	31					

Septiembre

D	L	M	M	J	V	S
		1	2	3	4	5
6	7	8	9	10	11	12
13	14	15	16	17	18	19
20	21	22	23	24	25	26
27	28	29	30			

Octubre

D	L	M	M	J	V	S
				1	2	3
4	5	6	7	8	9	10
11	12	13	14	15	16	17
18	19	20	21	22	23	24
25	26	27	28	29	30	31

Noviembre

D	L	M	M	J	V	S
1	2	3	4	5	6	7
8	9	10	11	12	13	14
15	16	17	18	19	20	21
22	23	24	25	26	27	28
29	30					

Diciembre

D	L	M	M	J	V	S
		1	2	3	4	5
6	7	8	9	10	11	12
13	14	15	16	17	18	19
20	21	22	23	24	25	26
27	28	29	30	31		

2027

Enero

D	L	M	M	J	V	S
					1	2
3	4	5	6	7	8	9
10	11	12	13	14	15	16
17	18	19	20	21	22	23
24	25	26	27	28	29	30
31						

Febrero

D	L	M	M	J	V	S
	1	2	3	4	5	6
7	8	9	10	11	12	13
14	15	16	17	18	19	20
21	22	23	24	25	26	27
28						

Marzo

D	L	M	M	J	V	S
	1	2	3	4	5	6
7	8	9	10	11	12	13
14	15	16	17	18	19	20
21	22	23	24	25	26	27
28	29	30	31			

Abril

D	L	M	M	J	V	S
				1	2	3
4	5	6	7	8	9	10
11	12	13	14	15	16	17
18	19	20	21	22	23	24
25	26	27	28	29	30	

Mayo

D	L	M	M	J	V	S
						1
2	3	4	5	6	7	8
9	10	11	12	13	14	15
16	17	18	19	20	21	22
23	24	25	26	27	28	29
30	31					

Junio

D	L	M	M	J	V	S
		1	2	3	4	5
6	7	8	9	10	11	12
13	14	15	16	17	18	19
20	21	22	23	24	25	26
27	28	29	30			

Julio

D	L	M	M	J	V	S
				1	2	3
4	5	6	7	8	9	10
11	12	13	14	15	16	17
18	19	20	21	22	23	24
25	26	27	28	29	30	31

Agosto

D	L	M	M	J	V	S
1	2	3	4	5	6	7
8	9	10	11	12	13	14
15	16	17	18	19	20	21
22	23	24	25	26	27	28
29	30	31				

Septiembre

D	L	M	M	J	V	S
			1	2	3	4
5	6	7	8	9	10	11
12	13	14	15	16	17	18
19	20	21	22	23	24	25
26	27	28	29	30		

Octubre

D	L	M	M	J	V	S
					1	2
3	4	5	6	7	8	9
10	11	12	13	14	15	16
17	18	19	20	21	22	23
24	25	26	27	28	29	30
31						

Noviembre

D	L	M	M	J	V	S
	1	2	3	4	5	6
7	8	9	10	11	12	13
14	15	16	17	18	19	20
21	22	23	24	25	26	27
28	29	30				

Diciembre

D	L	M	M	J	V	S
			1	2	3	4
5	6	7	8	9	10	11
12	13	14	15	16	17	18
19	20	21	22	23	24	25
26	27	28	29	30	31	

PLAN *anual* 2026

DÍA	ENERO	FEBRERO	MARZO	ABRIL	MAYO	JUNIO
DO		1	1			
LU		2	2			1
MA		3	3			2
MI		4	4	1		3
JU	1	5	5	2		4
VI	2	6	6	3	1	5
SA	3	7	7	4	2	6
DO	4	8	8	5	3	7
LU	5	9	9	6	4	8
MA	6	10	10	7	5	9
MI	7	11	11	8	6	10
JU	8	12	12	9	7	11
VI	9	13	13	10	8	12
SA	10	14	14	11	9	13
DO	11	15	15	12	10	14
LU	12	16	16	13	11	15
MA	13	17	17	14	12	16
MI	14	18	18	15	13	17
JU	15	19	19	16	14	18
VI	16	20	20	17	15	19
SA	17	21	21	18	16	20
DO	18	22	22	19	17	21
LU	19	23	23	20	18	22
MA	20	24	24	21	19	23
MI	21	25	25	22	20	24
JU	22	26	26	23	21	25
VIE	23	27	27	24	22	26
SA	24	28	28	25	23	27
DO	25		29	26	24	28
LU	26		30	27	25	29
MA	27		31	28	26	30
MI	28			29	27	
JU	29			30	28	
VI	30				29	
SA	31				30	
DO					31	
LU						

PLAN *anual* 2026

JULIO	AGOSTO	SEPTIEMBRE	OCTUBRE	NOVIEMBRE	DICIEMBRE	DÍA
				1		DO
				2		LU
		1		3	1	MA
1		2		4	2	MI
2		3	1	5	3	JU
3		4	2	6	4	VI
4	1	5	3	7	5	SA
5	2	6	4	8	6	DO
6	3	7	5	9	7	LU
7	4	8	6	10	8	MA
8	5	9	7	11	9	MI
9	6	10	8	12	10	JU
10	7	11	9	13	11	VI
11	8	12	10	14	12	SA
12	9	13	11	15	13	DO
13	10	14	12	16	14	LU
14	11	15	13	17	15	MA
15	12	16	14	18	16	MI
16	13	17	15	19	17	JU
17	14	18	16	20	18	VI
18	15	19	17	21	19	SA
19	16	20	18	22	20	DO
20	17	21	19	23	21	LU
21	18	22	20	24	22	MA
22	19	23	21	25	23	MI
23	20	24	22	26	24	JU
24	21	25	23	27	25	VI
25	22	26	24	28	26	SA
26	23	27	25	29	27	DO
27	24	28	26	30	28	LU
28	25	29	27		29	MA
29	26	30	28		30	MI
30	27		29		31	JU
31	28		30			VI
	29		31			SA
	30					DO
	31					LU

GUÍA DE LECTURA
por temas

Ansiedad y depresión
SALMO 34:18 • SALMO 119:28 • FILIPENSES 4:6 • 1 PEDRO 5:7

Confianza en Dios
PROVERBIOS 3:5 • SALMO 56:3 • PROVERBIOS 29:25 • SALMO 37:5

Desafíos de la vida
EFESIOS 6:13 • PROVERBIOS 18:10 • ROMANOS 8:28 • NAHUM 1:7

Fortaleza espiritual
FILIPENSES 4:13 • 2 TESALONICENSES 3:3 • SALMO 28:7 • SALMO 29:11

Perdón
MATEO 6:14 • PROVERBIOS 28:13 • PROVERBIOS 17:9 • SALMO 32:1

Rechazo
SALMO 119:104 • JUAN 15:18 • SALMO 27:10 • SALMO 51:17

Sabiduría
PROVERBIOS 2:6 • SANTIAGO 1:5 • PROVERBIOS 16:16 • SANTIAGO 3:13

Sanidad del alma
JEREMÍAS 17:14 • SALMO 107:19-20 • SALMO 147:3 • SALMO 73:26

Soledad
SALMO 23:4 • JUAN 14:16 • MATEO 28:20 • ISAÍAS 49:15

ENERO

«¡Voy a hacer algo nuevo! Ya está sucediendo,
¿no se dan cuenta? Estoy abriendo un camino
en el desierto y ríos en lugares desolados».

ISAÍAS 43:19, NVI

ENERO
2026

DOMINGO	LUNES	MARTES	MIÉRCOLES
4	5	6	7
11	12	13	14
18	19	20	21
25	26	27	28

ENERO
2026

JUEVES	VIERNES	SÁBADO
1	2	3
8	9	10
15	16	17
22	23	24
29	30	31

notas

DICIEMBRE 2025

D	L	M	M	J	V	S
	1	2	3	4	5	6
7	8	9	10	11	12	13
14	15	16	17	18	19	20
21	22	23	24	25	26	27
28	29	30	31			

FEBRERO 2026

D	L	M	M	J	V	S
1	2	3	4	5	6	7
8	9	10	11	12	13	14
15	16	17	18	19	20	21
22	23	24	25	26	27	28

PLAN *mensual*

PRIORIDADES DEL MES

MOTIVOS DE ORACIÓN

PRESUPUESTO *mensual*

CUENTAS	FECHA	CANTIDAD	PAGO	BALANCE

«Honra al Señor con tus bienes».
PROVERBIOS 3:9, LBLA

TOTAL

01 ENERO
jueves

«Todo lo puedo en Cristo
que me fortalece»

FILIPENSES 4:13, RVR

PRIORIDADES

ENERO 2026

D	L	M	M	J	V	S
				1	2	3
4	5	6	7	8	9	10
11	12	13	14	15	16	17
18	19	20	21	22	23	24
25	26	27	28	29	30	31

- 7 am
- 8 am
- 9 am
- 10 am
- 11 am
- 12 am
- 1 pm
- 2 pm
- 3 pm
- 4 pm
- 5 pm
- 6 pm
- 7 pm
- 8 pm
- 9 pm

notas

«Porque si perdonan a otros sus ofensas, también los perdonará a ustedes su Padre celestial».

MATEO 6:14, NVI

ENERO
viernes 02

ENERO 2026

D	L	M	M	J	V	S
				1	2	3
4	5	6	7	8	9	10
11	12	13	14	15	16	17
18	19	20	21	22	23	24
25	26	27	28	29	30	31

PRIORIDADES

- 7 am
- 8 am
- 9 am
- 10 am
- 11 am
- 12 am
- 1 pm
- 2 pm
- 3 pm
- 4 pm
- 5 pm
- 6 pm
- 7 pm
- 8 pm
- 9 pm

notas

03 ENERO
sábado

> «Porque todo lo que es nacido de Dios vence al mundo; y esta es la victoria que ha vencido al mundo, nuestra fe».
>
> **1 JUAN 5:4**, RVR60

PRIORIDADES

....
....
....
....

ENERO 2026

D	L	M	M	J	V	S
				1	2	3
4	5	6	7	8	9	10
11	12	13	14	15	16	17
18	19	20	21	22	23	24
25	26	27	28	29	30	31

- 7 am
- 8 am
- 9 am
- 10 am
- 11 am
- 12 am
- 1 pm
- 2 pm
- 3 pm
- 4 pm
- 5 pm
- 6 pm
- 7 pm
- 8 pm
- 9 pm

notas

"Harás que crezca la nación de Israel, y sus habitantes se alegrarán. Se alegrarán ante ti como la gente se goza en la cosecha, como los guerreros cuando se dividen el botín».

ISAÍAS 9:3, NTV

ENERO 04
domingo

ENERO 2026

D	L	M	M	J	V	S
				1	2	3
4	5	6	7	8	9	10
11	12	13	14	15	16	17
18	19	20	21	22	23	24
25	26	27	28	29	30	31

PRIORIDADES

7 am
8 am
9 am
10 am
11 am
12 am
1 pm
2 pm
3 pm
4 pm
5 pm
6 pm
7 pm
8 pm
9 pm

notas

05 ENERO
lunes

«Mi mandato es: "¡Sé fuerte y valiente! No tengas miedo ni te desanime, porque el Señor tu Dios está contigo dondequiera que vayas"».

JOSUÉ 1:9,

PRIORIDADES

....
....
....
....

ENERO 2026

D	L	M	M	J	V	S
				1	2	3
4	5	6	7	8	9	10
11	12	13	14	15	16	17
18	19	20	21	22	23	24
25	26	27	28	29	30	31

7 am
8 am
9 am
10 am
11 am
12 am
1 pm
2 pm
3 pm
4 pm
5 pm
6 pm
7 pm
8 pm
9 pm

notas

«Nosotros le amamos a él,
porque él nos amó primero».
JUAN 4:19, RVR60

ENERO
martes 06

ENERO 2026

D	L	M	M	J	V	S
				1	2	3
4	5	6	7	8	9	10
11	12	13	14	15	16	17
18	19	20	21	22	23	24
25	26	27	28	29	30	31

PRIORIDADES

7 am
8 am
9 am
10 am
11 am
12 am
1 pm
2 pm
3 pm
4 pm
5 pm
6 pm
7 pm
8 pm
9 pm

notas

07 ENERO
miércoles

«Cristo nos libertó para que vivamos en libertad. Por lo tanto, manténganse firmes y no se sometan nuevamente al yugo de esclavitud».

GÁLATAS 5:1,

PRIORIDADES

....
....
....

ENERO 2026

D	L	M	M	J	V	S
				1	2	3
4	5	6	7	8	9	10
11	12	13	14	15	16	17
18	19	20	21	22	23	24
25	26	27	28	29	30	31

- 7 am
- 8 am
- 9 am
- 10 am
- 11 am
- 12 am
- 1 pm
- 2 pm
- 3 pm
- 4 pm
- 5 pm
- 6 pm
- 7 pm
- 8 pm
- 9 pm

notas

«Alégrense en la esperanza,
muestren paciencia en el sufrimiento,
perseveren en la oración».

ROMANOS 12:12, NVI

ENERO 08
jueves

ENERO 2026

D	L	M	M	J	V	S
				1	2	3
4	5	6	7	8	9	10
11	12	13	14	15	16	17
18	19	20	21	22	23	24
25	26	27	28	29	30	31

PRIORIDADES

- 7 am
- 8 am
- 9 am
- 10 am
- 11 am
- 12 am
- 1 pm
- 2 pm
- 3 pm
- 4 pm
- 5 pm
- 6 pm
- 7 pm
- 8 pm
- 9 pm

notas

09 ENERO
viernes

> «Me has dado más alegr[ía]
> que los que tienen cosechas abundant[es]
> de grano y de vino nuevo[.]»
>
> **SALMO 4:7,** N[VI]

PRIORIDADES

....
....
....
....

ENERO 2026

D	L	M	M	J	V	S
				1	2	3
4	5	6	7	8	9	10
11	12	13	14	15	16	17
18	19	20	21	22	23	24
25	26	27	28	29	30	31

- 7 am
- 8 am
- 9 am
- 10 am
- 11 am
- 12 am
- 1 pm
- 2 pm
- 3 pm
- 4 pm
- 5 pm
- 6 pm
- 7 pm
- 8 pm
- 9 pm

notas

«Pero corra el juicio como las aguas, la justicia como impetuoso arroyo».

AMÓS 5:24, RVR60

ENERO
sábado 10

ENERO 2026

D	L	M	M	J	V	S
				1	2	3
4	5	6	7	8	9	10
11	12	13	14	15	16	17
18	19	20	21	22	23	24
25	26	27	28	29	30	31

PRIORIDADES

7 am
8 am
9 am
10 am
11 am
12 am
1 pm
2 pm
3 pm
4 pm
5 pm
6 pm
7 pm
8 pm
9 pm

notas

11 ENERO
domingo

> «¿Por qué estás tan abatida, alma mí[a]?
> ¿Por qué estás angustiada? En Dios pon[dré]
> mi esperanza y lo seguiré alaban[do.]
> ¡Él es mi salvación y mi Dios[!»]
>
> **SALMO 42:11,**

PRIORIDADES

ENERO 2026

D	L	M	M	J	V	S
				1	2	3
4	5	6	7	8	9	10
11	12	13	14	15	16	17
18	19	20	21	22	23	24
25	26	27	28	29	30	31

- 7 am
- 8 am
- 9 am
- 10 am
- 11 am
- 12 am
- 1 pm
- 2 pm
- 3 pm
- 4 pm
- 5 pm
- 6 pm
- 7 pm
- 8 pm
- 9 pm

notas

o les he dicho estas cosas para que en mí
llen paz. En este mundo afrontarán
icciones, pero ¡anímense!
he vencido al mundo».

AN 16:33, NVI

ENERO
lunes **12**

ENERO 2026

L	M	M	J	V	S
			1	2	3
5	6	7	8	9	10
12	13	14	15	16	17
19	20	21	22	23	24
26	27	28	29	30	31

PRIORIDADES

....
....
....
....

7 am
8 am
9 am
10 am
11 am
12 am
1 pm
2 pm
3 pm
4 pm
5 pm
6 pm
7 pm
8 pm
9 pm

notas

13 ENERO
martes

> «Traigan a todo el que me reconoce como su Dios, porque yo los he creado para mi gloria. Fui yo quien los formé
>
> ISAÍAS 43:7,

PRIORIDADES

ENERO 2026

D	L	M	M	J	V	S
				1	2	3
4	5	6	7	8	9	10
11	12	**13**	14	15	16	17
18	19	20	21	22	23	24
25	26	27	28	29	30	31

7 am
8 am
9 am
10 am
11 am
12 am
1 pm
2 pm
3 pm
4 pm
5 pm
6 pm
7 pm
8 pm
9 pm

notas

«...ueno es el Señor;
...refugio en el día de la angustia
...onoce a los que en él confían».

—**NAHÚM 1:7**, NVI

ENERO
miércoles 14

ENERO 2026

L	M	M	J	V	S
			1	2	3
5	6	7	8	9	10
12	13	**14**	15	16	17
19	20	21	22	23	24
26	27	28	29	30	31

PRIORIDADES

- 7 am
- 8 am
- 9 am
- 10 am
- 11 am
- 12 am
- 1 pm
- 2 pm
- 3 pm
- 4 pm
- 5 pm
- 6 pm
- 7 pm
- 8 pm
- 9 pm

notas

15 ENERO
jueves

«Jehová es mi past[or,]
nada me faltar[á».]
SALMO 23:1, RVR

PRIORIDADES

ENERO 2026

D	L	M	M	J	V	S
				1	2	3
4	5	6	7	8	9	10
11	12	13	14	15	16	17
18	19	20	21	22	23	24
25	26	27	28	29	30	31

- 7 am
- 8 am
- 9 am
- 10 am
- 11 am
- 12 am
- 1 pm
- 2 pm
- 3 pm
- 4 pm
- 5 pm
- 6 pm
- 7 pm
- 8 pm
- 9 pm

notas

«Bienaventurados los misericordiosos, porque ellos alcanzarán misericordia».

MATEO 5:7, RVR60

ENERO
viernes 16

ENERO 2026

L	M	M	J	V	S
			1	2	3
5	6	7	8	9	10
12	13	14	15	16	17
18	19	20	21	22	23	24
25	26	27	28	29	30	31

PRIORIDADES

7 am
8 am
9 am
10 am
11 am
12 am
1 pm
2 pm
3 pm
4 pm
5 pm
6 pm
7 pm
8 pm
9 pm

notas

17 ENERO
sábado

«Nunca antes ni después ha habido un [día] como aquel; fue el día en que el Señor escu[chó] los ruegos de un ser humano. ¡No cabe duda [de] que el Señor estaba peleando por Israel[!»]

JOSUÉ 10:14

PRIORIDADES

ENERO 2026

D	L	M	M	J	V
				1	2
4	5	6	7	8	9
11	12	13	14	15	16
18	19	20	21	22	23
25	26	27	28	29	30

7 am
8 am
9 am
10 am
11 am
12 am
1 pm
2 pm
3 pm
4 pm
5 pm
6 pm
7 pm
8 pm
9 pm

notas

...ivan una vida llena de amor,
...uiendo el ejemplo de Cristo».

ESIOS 5:2, NVI

ENERO
domingo 18

ENERO 2026

L	M	M	J	V	S
			1	2	3
5	6	7	8	9	10
12	13	14	15	16	17
19	20	21	22	23	24
26	27	28	29	30	31

PRIORIDADES

7 am
8 am
9 am
10 am
11 am
12 am
1 pm
2 pm
3 pm
4 pm
5 pm
6 pm
7 pm
8 pm
9 pm

notas

19 ENERO
lunes

«Practiquen el derecho y la justicia. Libren [al] oprimido del poder del opresor. No maltraten [ni] hagan violencia al extranjero, ni al huérfano ni a [la] viuda, ni derramen sangre inocente en este lugar[...]».

JEREMÍAS 22:3

PRIORIDADES

ENERO 2026

D	L	M	M	J	V	S
				1	2	3
4	5	6	7	8	9	10
11	12	13	14	15	16	17
18	**19**	20	21	22	23	24
25	26	27	28	29	30	31

- 7 am
- 8 am
- 9 am
- 10 am
- 11 am
- 12 am
- 1 pm
- 2 pm
- 3 pm
- 4 pm
- 5 pm
- 6 pm
- 7 pm
- 8 pm
- 9 pm

notas

llevó nuestros pecados
n lejos de nosotros como está
oriente del occidente».

LMO 103:12, NTV

ENERO 20
martes

ENERO 2026

L	M	M	J	V	S
			1	2	3
5	6	7	8	9	10
12	13	14	15	16	17
19	20	21	22	23	24
26	27	28	29	30	31

PRIORIDADES

7 am
8 am
9 am
10 am
11 am
12 am
1 pm
2 pm
3 pm
4 pm
5 pm
6 pm
7 pm
8 pm
9 pm

notas

21 ENERO
miércoles

«Confía en el Señor con todo tu corazón
no dependas de tu propio
entendimiento

PROVERBIOS 3:5,

PRIORIDADES

ENERO 2026

D	L	M	M	J	V	
				1	2	
4	5	6	7	8	9	1
11	12	13	14	15	16	1
18	19	20	21	22	23	2
25	26	27	28	29	30	3

7 am
8 am
9 am
10 am
11 am
12 am
1 pm
2 pm
3 pm
4 pm
5 pm
6 pm
7 pm
8 pm
9 pm

notas

omo madre que consuela a su hijo,
yo los consolaré a ustedes;
Jerusalén serán consolados».

ÍAS 66:13, NVI

ENERO
jueves

ENERO 2026

L	M	M	J	V	S
			1	2	3
5	6	7	8	9	10
12	13	14	15	16	17
19	20	21	**22**	23	24
26	27	28	29	30	31

PRIORIDADES

7 am
8 am
9 am
10 am
11 am
12 am
1 pm
2 pm
3 pm
4 pm
5 pm
6 pm
7 pm
8 pm
9 pm

notas

23 ENERO
viernes

> «Si Dios no se guardó ni a su propio Hij[o], sino que lo entregó por todos nosotr[os], ¿no nos dará también todo lo demás?»
>
> **ROMANOS 8:32**,

PRIORIDADES

ENERO 2026

D	L	M	M	J	V	S
				1	2	3
4	5	6	7	8	9	10
11	12	13	14	15	16	17
18	19	20	21	22	**23**	24
25	26	27	28	29	30	31

- 7 am
- 8 am
- 9 am
- 10 am
- 11 am
- 12 am
- 1 pm
- 2 pm
- 3 pm
- 4 pm
- 5 pm
- 6 pm
- 7 pm
- 8 pm
- 9 pm

notas

«Entrega al Señor todo lo que haces; confía en él, y él te ayudará».

SALMO 37:5, NTV

ENERO
sábado

24

ENERO 2026

D	L	M	M	J	V	S
				1	2	3
4	5	6	7	8	9	10
11	12	13	14	15	16	17
18	19	20	21	22	23	24
25	26	27	28	29	30	31

PRIORIDADES

....
....
....
....

- 7 am
- 8 am
- 9 am
- 10 am
- 11 am
- 12 am
- 1 pm
- 2 pm
- 3 pm
- 4 pm
- 5 pm
- 6 pm
- 7 pm
- 8 pm
- 9 pm

notas

25 ENERO
domingo

> «Solo en Dios halla descanso mi alma, de él viene mi esperanza».
> **SALMO 62:5,**

PRIORIDADES

ENERO 2026

D	L	M	M	J	V	
				1	2	
4	5	6	7	8	9	
11	12	13	14	15	16	
18	19	20	21	22	23	
25	26	27	28	29	30	

- 7 am
- 8 am
- 9 am
- 10 am
- 11 am
- 12 am
- 1 pm
- 2 pm
- 3 pm
- 4 pm
- 5 pm
- 6 pm
- 7 pm
- 8 pm
- 9 pm

notas

«Mi victoria y mi honor provienen solamente de Dios; él es mi refugio, la roca donde ningún enemigo puede alcanzarme».

SALMO 62:7, NTV

ENERO
lunes 26

ENERO 2026

L	M	M	J	V	S
			1	2	3
5	6	7	8	9	10
12	13	14	15	16	17
19	20	21	22	23	24
26	27	28	29	30	31

PRIORIDADES

7 am
8 am
9 am
10 am
11 am
12 am
1 pm
2 pm
3 pm
4 pm
5 pm
6 pm
7 pm
8 pm
9 pm

notas

27 ENERO
martes

«¿Qué agrada más al Señor: que se le ofrezcan holocaustos y sacrificios o que se obedezca lo que él dice? El obedecer vale más que el sacrificio».

1 SAMUEL 15:22

PRIORIDADES

....
....
....
....

ENERO 2026

D	L	M	M	J	V	S
				1	2	3
4	5	6	7	8	9	10
11	12	13	14	15	16	17
18	19	20	21	22	23	24
25	26	27	28	29	30	31

- 7 am
- 8 am
- 9 am
- 10 am
- 11 am
- 12 am
- 1 pm
- 2 pm
- 3 pm
- 4 pm
- 5 pm
- 6 pm
- 7 pm
- 8 pm
- 9 pm

notas

«Porque el reino de Dios no es comida ni bebida, sino justicia, paz y gozo en el Espíritu Santo».

ROMANOS 14:17, RVR60

ENERO
miércoles 28

ENERO 2026

D	L	M	M	J	V	S
				1	2	3
4	5	6	7	8	9	10
11	12	13	14	15	16	17
18	19	20	21	22	23	24
25	26	27	28	29	30	31

PRIORIDADES

7 am
8 am
9 am
10 am
11 am
12 am
1 pm
2 pm
3 pm
4 pm
5 pm
6 pm
7 pm
8 pm
9 pm

notas

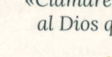

29 ENERO
jueves

> «Clamaré al Dios Altísim[o]
> al Dios que me favorec[e]
> **SALMO 57:2**, RVR

PRIORIDADES

ENERO 2026

D	L	M	M	J	V	S
				1	2	3
4	5	6	7	8	9	10
11	12	13	14	15	16	17
18	19	20	21	22	23	24
25	26	27	28	29	30	31

- 7 am
- 8 am
- 9 am
- 10 am
- 11 am
- 12 am
- 1 pm
- 2 pm
- 3 pm
- 4 pm
- 5 pm
- 6 pm
- 7 pm
- 8 pm
- 9 pm

notas

«Dios habita en esa ciudad;
no puede ser destruida.
En cuanto despunte el día,
Dios la protegerá».

SALMO 46:5, NTV

ENERO
viernes 30

ENERO 2026

D	L	M	M	J	V	S
				1	2	3
4	5	6	7	8	9	10
11	12	13	14	15	16	17
18	19	20	21	22	23	24
25	26	27	28	29	30	31

PRIORIDADES

7 am
8 am
9 am
10 am
11 am
12 am
1 pm
2 pm
3 pm
4 pm
5 pm
6 pm
7 pm
8 pm
9 pm

notas

31 ENERO
sábado

> «Y la paz de Dios, que sobrepa[sa] todo entendimiento, cuidará sus corazon[es] y sus pensamientos en Cristo Jesús[»].
>
> **FILIPENSES 4:7,**

PRIORIDADES

ENERO 2026

D	L	M	M	J	V	S
				1	2	3
4	5	6	7	8	9	10
11	12	13	14	15	16	17
18	19	20	21	22	23	24
25	**26**	**27**	**28**	**29**	**30**	**31**

- 7 am
- 8 am
- 9 am
- 10 am
- 11 am
- 12 am
- 1 pm
- 2 pm
- 3 pm
- 4 pm
- 5 pm
- 6 pm
- 7 pm
- 8 pm
- 9 pm

notas

FEBRERO

«Mujer virtuosa, ¿quién la hallará?
Porque su estima sobrepasa largamente
a la de las piedras preciosas».

PROVERBIOS 31:10, RVR60

FEBRERO
2026

DOMINGO	LUNES	MARTES	MIÉRCOLES
1	2	3	4
8	9	10	11
15	16	17	18
22	23	24	25

FEBRERO
2026

JUEVES	VIERNES	SÁBADO	*notas*
5	6	7	
12	13	14	
19	20	21	
26	27	28	

ENERO 2026

D	L	M	M	J	V	S
				1	2	3
4	5	6	7	8	9	10
11	12	13	14	15	16	17
18	19	20	21	22	23	24
25	26	27	28	29	30	31

MARZO 2026

D	L	M	M	J	V	S
1	2	3	4	5	6	7
8	9	10	11	12	13	14
15	16	17	18	19	20	21
22	23	24	25	26	27	28
29	30	31				

PLAN *mensual*

PRIORIDADES DEL MES

MOTIVOS DE ORACIÓN

PRESUPUESTO *mensual*

CUENTAS	FECHA	CANTIDAD	PAGO	BALANCE

«La bendición del Señor trae riquezas».
PROVERBIOS 10:22, NVI

TOTAL

01 FEBRERO
domingo

> «De él dan testimonio todos los profetas que todo el que cree en él recibe por medio de su nombre el perdón de los pecados»
>
> **HECHOS 10:43**

PRIORIDADES

FEBRERO 2026

D	L	M	M	J	V	S
1	2	3	4	5	6	7
8	9	10	11	12	13	14
15	16	17	18	19	20	21
22	23	24	25	26	27	28

- 7 am
- 8 am
- 9 am
- 10 am
- 11 am
- 12 am
- 1 pm
- 2 pm
- 3 pm
- 4 pm
- 5 pm
- 6 pm
- 7 pm
- 8 pm
- 9 pm

notas

«En todo tiempo ama el amigo, es como un hermano en tiempo de angustia».

PROVERBIOS 17:17, RVR60

FEBRERO 02
lunes

FEBRERO 2026

D	L	M	M	J	V	S
1	2	3	4	5	6	7
8	9	10	11	12	13	14
15	16	17	18	19	20	21
22	23	24	25	26	27	28

PRIORIDADES

7 am
8 am
9 am
10 am
11 am
12 am
1 pm
2 pm
3 pm
4 pm
5 pm
6 pm
7 pm
8 pm
9 pm

notas

03 FEBRERO
martes

«Ya sea que te desvíes a la derech
o a la izquierda, tus oídos percibirá
a tus espaldas una voz que te dir
"Este es el camino; síguelo"»

ISAÍAS 30:21, N

PRIORIDADES

FEBRERO 2026

D	L	M	M	J	V	S
1	2	3	4	5	6	7
8	9	10	11	12	13	14
15	16	17	18	19	20	21
22	23	24	25	26	27	28

7 am
8 am
9 am
10 am
11 am
12 am
1 pm
2 pm
3 pm
4 pm
5 pm
6 pm
7 pm
8 pm
9 pm

notas

«El Señor es sol y escudo;
Dios nos concede honor y gloria.
El Señor no niega sus bondades a los
que se conducen con integridad».

SALMO 84:11, NVI

FEBRERO
miércoles 04

FEBRERO 2026

D	L	M	M	J	V	S
1	2	3	4	5	6	7
8	9	10	11	12	13	14
15	16	17	18	19	20	21
22	23	24	25	26	27	28

PRIORIDADES

7 am
8 am
9 am
10 am
11 am
12 am
1 pm
2 pm
3 pm
4 pm
5 pm
6 pm
7 pm
8 pm
9 pm

notas

05 FEBRERO
jueves

> «En Dios he confiado; no temeré. ¿qué puede hacerme el hombre?»
> **SALMO 56:11**, RVR

PRIORIDADES

FEBRERO 2026

D	L	M	M	J	V	S
1	2	3	4	5	6	7
8	9	10	11	12	13	14
15	16	17	18	19	20	21
22	23	24	25	26	27	28

- 7 am
- 8 am
- 9 am
- 10 am
- 11 am
- 12 am
- 1 pm
- 2 pm
- 3 pm
- 4 pm
- 5 pm
- 6 pm
- 7 pm
- 8 pm
- 9 pm

notas

que habita al abrigo
Altísimo morará bajo la sombra
Omnipotente».

SALMO 91:1, RVR60

FEBRERO 06
viernes

FEBRERO 2026

L	M	M	J	V	S	D
						1
2	3	4	5	6	7	8
9	10	11	12	13	14	15
16	17	18	19	20	21	22
23	24	25	26	27	28	

PRIORIDADES

7 am
8 am
9 am
10 am
11 am
12 am
1 pm
2 pm
3 pm
4 pm
5 pm
6 pm
7 pm
8 pm
9 pm

notas

07 FEBRERO
sábado

> «Que el Dios de la esperanza los lle[ne]
> de toda alegría y paz a ustedes que creen en [él],
> para que rebosen de esperanz[a]
> por el poder del Espíritu Santo[».]
>
> **ROMANOS 15:13,**

PRIORIDADES

....
....
....
....

FEBRERO 2026

D	L	M	M	J	V	S
1	2	3	4	5	6	7
8	9	10	11	12	13	14
15	16	17	18	19	20	21
22	23	24	25	26	27	28

- 7 am
- 8 am
- 9 am
- 10 am
- 11 am
- 12 am
- 1 pm
- 2 pm
- 3 pm
- 4 pm
- 5 pm
- 6 pm
- 7 pm
- 8 pm
- 9 pm

notas

«Así que sé fuerte y valiente! No tengas miedo ni sientas pánico frente a ellos, porque el Señor tu Dios, él mismo irá delante de ti. No te fallará ni te abandonará».

DEUTERONOMIO 31:6, NTV

FEBRERO 08
domingo

FEBRERO 2026

D	L	M	M	J	V	S
1	2	3	4	5	6	7
8	9	10	11	12	13	14
15	16	17	18	19	20	21
22	23	24	25	26	27	28

PRIORIDADES

- 7 am
- 8 am
- 9 am
- 10 am
- 11 am
- 12 am
- 1 pm
- 2 pm
- 3 pm
- 4 pm
- 5 pm
- 6 pm
- 7 pm
- 8 pm
- 9 pm

notas

09 FEBRERO
lunes

«Humíllense delante del Se[ñor]
y él los exaltar[á]»

SANTIAGO 4:10,

PRIORIDADES

FEBRERO 2026

D	L	M	M	J	V
1	2	3	4	5	6
8	9	10	11	12	13
15	16	17	18	19	20
22	23	24	25	26	27

- 7 am
- 8 am
- 9 am
- 10 am
- 11 am
- 12 am
- 1 pm
- 2 pm
- 3 pm
- 4 pm
- 5 pm
- 6 pm
- 7 pm
- 8 pm
- 9 pm

notas

«Ustedes necesitan perseverar para que, después de haber cumplido la voluntad de Dios, reciban lo que él ha prometido».

HEBREOS 10:36, NVI

FEBRERO
martes 10

FEBRERO 2026

D	L	M	M	J	V	S
1	2	3	4	5	6	7
8	9	10	11	12	13	14
15	16	17	18	19	20	21
22	23	24	25	26	27	28

PRIORIDADES

7 am
8 am
9 am
10 am
11 am
12 am
1 pm
2 pm
3 pm
4 pm
5 pm
6 pm
7 pm
8 pm
9 pm

notas

11 FEBRERO
miércoles

«Estén siempre llenos de aleg[ría]
en el Señor. Lo repito, ¡alégrense[!»]

FILIPENSES 4:4,

PRIORIDADES

FEBRERO 2026

D	L	M	M	J	V
1	2	3	4	5	6
8	9	10	11	12	13
15	16	17	18	19	20
22	23	24	25	26	27

7 am
8 am
9 am
10 am
11 am
12 am
1 pm
2 pm
3 pm
4 pm
5 pm
6 pm
7 pm
8 pm
9 pm

notas

stedes aman a Jesucristo a pesar de que
nca lo han visto. Aunque ahora no lo ven,
fían en él y se gozan con una alegría
riosa e indescriptible».

EDRO 1:8, NTV

FEBRERO
jueves 12

FEBRERO 2026

L	M	M	J	V	S
2	3	4	5	6	7
9	10	11	12	13	14
16	17	18	19	20	21
23	24	25	26	27	28

PRIORIDADES

7 am
8 am
9 am
10 am
11 am
12 am
1 pm
2 pm
3 pm
4 pm
5 pm
6 pm
7 pm
8 pm
9 pm

notas

13 FEBRERO
viernes

> «Señor, protégeme del poder de los malvados, protégeme de los violentos, de los que piensan hacerme caer».
>
> **SALMO 140:4**

PRIORIDADES

....

....

....

FEBRERO 2026

D	L	M	M	J	V	S
1	2	3	4	5	6	7
8	9	10	11	12	13	14
15	16	17	18	19	20	21
22	23	24	25	26	27	28

7 am
8 am
9 am
10 am
11 am
12 am
1 pm
2 pm
3 pm
4 pm
5 pm
6 pm
7 pm
8 pm
9 pm

notas

«Dios nos ha dado todo lo que necesitamos para llevar una vida de rectitud. Todo esto lo recibimos al llegar a conocer a aquel que nos llamó por medio de su maravillosa gloria y excelencia».

2 PEDRO 1:3, NTV

FEBRERO
sábado
14

FEBRERO 2026

D	L	M	M	J	V	S
1	2	3	4	5	6	7
8	9	10	11	12	13	14
15	16	17	18	19	20	21
22	23	24	25	26	27	28

PRIORIDADES

7 am
8 am
9 am
10 am
11 am
12 am
1 pm
2 pm
3 pm
4 pm
5 pm
6 pm
7 pm
8 pm
9 pm

notas

15 FEBRERO
domingo

> «Toda la gloria sea al que nos a[ma]
> y nos ha libertado de nuestros peca[dos]
> al derramar su sangre por nosotr[os».]
>
> **APOCALIPSIS 1:5,**

PRIORIDADES

....
....
....

FEBRERO 2026

D	L	M	M	J	V
1	2	3	4	5	6
8	9	10	11	12	13
15	16	17	18	19	20
22	23	24	25	26	27

- 7 am
- 8 am
- 9 am
- 10 am
- 11 am
- 12 am
- 1 pm
- 2 pm
- 3 pm
- 4 pm
- 5 pm
- 6 pm
- 7 pm
- 8 pm
- 9 pm

notas

«...sí también la fe por sí sola,
...o tiene obras, está muerta».

...NTIAGO 2:17, NVI

FEBRERO
lunes 16

FEBRERO 2026

L	M	M	J	V	S	
2	3	4	5	6	7	
9	10	11	12	13	14	
16	17	18	19	20	21	
23	24	25	26	27	28	

PRIORIDADES

- 7 am
- 8 am
- 9 am
- 10 am
- 11 am
- 12 am
- 1 pm
- 2 pm
- 3 pm
- 4 pm
- 5 pm
- 6 pm
- 7 pm
- 8 pm
- 9 pm

notas

17 FEBRERO
martes

> «Pero fiel es el Señor, que os afirmará y guardará del mal»
> **2 TESALONICENSES 3:3**, RVR

PRIORIDADES

FEBRERO 2026

D	L	M	M	J	V	S
1	2	3	4	5	6	7
8	9	10	11	12	13	14
15	16	17	18	19	20	21
22	23	24	25	26	27	28

- 7 am
- 8 am
- 9 am
- 10 am
- 11 am
- 12 am
- 1 pm
- 2 pm
- 3 pm
- 4 pm
- 5 pm
- 6 pm
- 7 pm
- 8 pm
- 9 pm

notas

ios no es injusto. No olvidará con cuánto
uerzo han trabajado para él y cómo han
nostrado su amor por él sirviendo a otros
yentes como todavía lo hacen».

BREOS 6:10, NTV

FEBRERO
miércoles 18

FEBRERO 2026

L	M	M	J	V	S
	2	3	4	5	6	7
	9	10	11	12	13	14
	16	17	18	19	20	21
	23	24	25	26	27	28

PRIORIDADES
....
....
....
....

7 am
8 am
9 am
10 am
11 am
12 am
1 pm
2 pm
3 pm
4 pm
5 pm
6 pm
7 pm
8 pm
9 pm

notas

19 FEBRERO
jueves

> «Señor, tú eres mi Dios; te exalt[aré]
> y alabaré tu nombre porque has he[cho]
> maravillas. Desde tiempos antig[uos]
> tus planes son fieles y seguro[s].»
>
> **ISAÍAS 25:1**

PRIORIDADES

FEBRERO 2026

D	L	M	M	J	V
1	2	3	4	5	6
8	9	10	11	12	13
15	16	17	18	19	20
22	23	24	25	26	27

- 7 am
- 8 am
- 9 am
- 10 am
- 11 am
- 12 am
- 1 pm
- 2 pm
- 3 pm
- 4 pm
- 5 pm
- 6 pm
- 7 pm
- 8 pm
- 9 pm

notas

«Hermanos míos, considérense muy dichosos cuando tengan que enfrentarse con diversas pruebas, pues ya saben que la prueba de su fe produce perseverancia».

SANTIAGO 1:2-3, NVI

FEBRERO viernes 20

FEBRERO 2026

L	M	M	J	V	S
2	3	4	5	6	7
9	10	11	12	13	14
16	17	18	19	20	21
23	24	25	26	27	28

PRIORIDADES

- 7 am
- 8 am
- 9 am
- 10 am
- 11 am
- 12 am
- 1 pm
- 2 pm
- 3 pm
- 4 pm
- 5 pm
- 6 pm
- 7 pm
- 8 pm
- 9 pm

notas

21 FEBRERO
sábado

> «Vivan de una manera digna del llamamiento que han recibido»
> **EFESIOS 4:1,**

PRIORIDADES

FEBRERO 2026

D	L	M	M	J	V
1	2	3	4	5	6
8	9	10	11	12	13
15	16	17	18	19	20
22	23	24	25	26	27

- 7 am
- 8 am
- 9 am
- 10 am
- 11 am
- 12 am
- 1 pm
- 2 pm
- 3 pm
- 4 pm
- 5 pm
- 6 pm
- 7 pm
- 8 pm
- 9 pm

notas

«Si ustedes creen, recibirán todo lo que pidan en oración».

MATEO 21:22, NVI

FEBRERO
domingo 22

FEBRERO 2026

D	L	M	M	J	V	S
1	2	3	4	5	6	7
8	9	10	11	12	13	14
15	16	17	18	19	20	21
22	23	24	25	26	27	28

PRIORIDADES

7 am
8 am
9 am
10 am
11 am
12 am
1 pm
2 pm
3 pm
4 pm
5 pm
6 pm
7 pm
8 pm
9 pm

notas

23 FEBRERO
lunes

> «Engaño hay en el corazón los que piensan mal; pero alegr[ía] en el de los que piensan bien»
>
> **PROVERBIOS 12:20**, RVR

PRIORIDADES

FEBRERO 2026

D	L	M	M	J	V	
1	2	3	4	5	6	
8	9	10	11	12	13	
15	16	17	18	19	20	
22	23	24	25	26	27	

- 7 am
- 8 am
- 9 am
- 10 am
- 11 am
- 12 am
- 1 pm
- 2 pm
- 3 pm
- 4 pm
- 5 pm
- 6 pm
- 7 pm
- 8 pm
- 9 pm

notas

o solo escuchen la palabra de Dios;
nen que ponerla en práctica.
lo contrario, solamente se engañan
í mismos».

NTIAGO 1:22, NTV

FEBRERO 24
martes

FEBRERO 2026

D	L	M	M	J	V	S
	2	3	4	5	6	7
	9	10	11	12	13	14
	16	17	18	19	20	21
	23	**24**	25	26	27	28

PRIORIDADES

- 7 am
- 8 am
- 9 am
- 10 am
- 11 am
- 12 am
- 1 pm
- 2 pm
- 3 pm
- 4 pm
- 5 pm
- 6 pm
- 7 pm
- 8 pm
- 9 pm

notas

25 FEBRERO
miércoles

> «Y nosotros hemos conocido y creído el amor que Dios tiene para con nosotros. Dios es amor; y el que permanece en amor permanece en Dios, y Dios en él»
>
> **1 JUAN 4:16**, RVR6

PRIORIDADES

FEBRERO 2026

D	L	M	M	J	V	S
1	2	3	4	5	6	7
8	9	10	11	12	13	14
15	16	17	18	19	20	21
22	23	24	**25**	26	27	28

- 7 am
- 8 am
- 9 am
- 10 am
- 11 am
- 12 am
- 1 pm
- 2 pm
- 3 pm
- 4 pm
- 5 pm
- 6 pm
- 7 pm
- 8 pm
- 9 pm

notas

«Me mostrarás el camino de la vida; me concederás la alegría de tu presencia y el placer de vivir contigo para siempre».

SALMO 16:11, NTV

FEBRERO
jueves 26

FEBRERO 2026

D	L	M	M	J	V	S
1	2	3	4	5	6	7
8	9	10	11	12	13	14
15	16	17	18	19	20	21
22	23	24	25	26	27	28

PRIORIDADES

- 7 am
- 8 am
- 9 am
- 10 am
- 11 am
- 12 am
- 1 pm
- 2 pm
- 3 pm
- 4 pm
- 5 pm
- 6 pm
- 7 pm
- 8 pm
- 9 pm

notas

27 FEBRERO
viernes

> «El Señor te cuidará; de todo m
> guardará tu vida. El Señor cuida
> tu salida y tu entrada, desde aho
> y para siempre
>
> **SALMO 121:7-8,**

PRIORIDADES

....
....
....
....

FEBRERO 2026

D	L	M	M	J	V	S
1	2	3	4	5	6	7
8	9	10	11	12	13	14
15	16	17	18	19	20	2
22	23	24	25	26	27	28

- 7 am ☐
- 8 am ☐
- 9 am ☐
- 10 am ☐
- 11 am ☐
- 12 am ☐
- 1 pm ☐
- 2 pm ☐
- 3 pm ☐
- 4 pm ☐
- 5 pm ☐
- 6 pm ☐
- 7 pm ☐
- 8 pm ☐
- 9 pm ☐

notas

«Dios es mi salvación! Confiaré en él no temeré. El Señor es mi fuerza, Señor es mi canción; ¡él es mi salvación!».

AÍAS 12:2, NVI

FEBRERO
sábado
28

FEBRERO 2026

D	L	M	M	J	V	S
1	2	3	4	5	6	7
8	9	10	11	12	13	14
15	16	17	18	19	20	21
22	23	24	25	26	27	28

PRIORIDADES

- 7 am
- 8 am
- 9 am
- 10 am
- 11 am
- 12 am
- 1 pm
- 2 pm
- 3 pm
- 4 pm
- 5 pm
- 6 pm
- 7 pm
- 8 pm
- 9 pm

notas

MARZO

«Ahora, hija mía, no te preocupes por nada.
Yo haré lo que sea necesario, porque todo el pueblo
sabe que eres una mujer virtuosa».

RUT 3:11, NTV

MARZO
2026

DOMINGO	LUNES	MARTES	MIÉRCOLES
1	2	3	4
8	9	10	11
15	16	17	18
22	23	24	25
29	30	31	

MARZO
2026

JUEVES	VIERNES	SÁBADO
5	**6**	**7**
12	**13**	**14**
19	**20**	**21**
26	**27**	**28**

notas

FEBRERO 2026

D	L	M	M	J	V	S
1	2	3	4	5	6	7
8	9	10	11	12	13	14
15	16	17	18	19	20	21
22	23	24	25	26	27	28

ABRIL 2026

D	L	M	M	J	V	S
			1	2	3	4
5	6	7	8	9	10	11
12	13	14	15	16	17	18
19	20	21	22	23	24	25
26	27	28	29	30		

PLAN *mensual*

PRIORIDADES DEL MES

MOTIVOS DE ORACIÓN

PRESUPUESTO *mensual*

CUENTAS	FECHA	CANTIDAD	PAGO	BALANCE

«El Señor nos da la riqueza».
1 SAMUEL 2:7, NVI

TOTAL

01 MARZO
domingo

> «No sean egoístas; no traten de impresionar a nad[ie]. Sean humildes, es decir, considerando a los dem[ás] como mejores que ustede[s]».
>
> **FILIPENSES 2:3,**

PRIORIDADES

....
....
....
....

MARZO 2026

D	L	M	M	J	V	S
1	2	3	4	5	6	7
8	9	10	11	12	13	14
15	16	17	18	19	20	21
22	23	24	25	26	27	28
29	30	31				

- 7 am
- 8 am
- 9 am
- 10 am
- 11 am
- 12 am
- 1 pm
- 2 pm
- 3 pm
- 4 pm
- 5 pm
- 6 pm
- 7 pm
- 8 pm
- 9 pm

notas

«Dios puede hacer que toda gracia abunde para ustedes, de manera que siempre, en toda circunstancia, tengan todo lo necesario y toda buena obra abunde en ustedes».

2 CORINTIOS 9:8, NVI

MARZO
lunes 02

MARZO 2026

L	M	M	J	V	S
2	3	4	5	6	7
9	10	11	12	13	14
16	17	18	19	20	21
23	24	25	26	27	28
30	31				

PRIORIDADES

....
....
....
....

7 am
8 am
9 am
10 am
11 am
12 am
1 pm
2 pm
3 pm
4 pm
5 pm
6 pm
7 pm
8 pm
9 pm

notas

03 MARZO
martes

«Porque eres precioso a mis ojos y digno de honra, yo te amo. A cambio de ti entregaré pueblos, a cambio de tu vida entregaré naciones».

ISAÍAS 43:4,

PRIORIDADES

....
....
....
....

MARZO 2026

D	L	M	M	J	V	S
1	2	3	4	5	6	7
8	9	10	11	12	13	14
15	16	17	18	19	20	21
22	23	24	25	26	27	28
29	30	31				

- 7 am
- 8 am
- 9 am
- 10 am
- 11 am
- 12 am
- 1 pm
- 2 pm
- 3 pm
- 4 pm
- 5 pm
- 6 pm
- 7 pm
- 8 pm
- 9 pm

notas

«Que habite en ustedes la palabra de Cristo con toda riqueza: instrúyanse y aconséjense unos a otros con toda sabiduría; canten salmos, himnos y canciones espirituales a Dios, con gratitud de corazón».

COLOSENSES 3:16, NVI

MARZO
miércoles 04

MARZO 2026

L	M	M	J	V	S
2	3	4	5	6	7
9	10	11	12	13	14
16	17	18	19	20	21
23	24	25	26	27	28
30	31				

PRIORIDADES

7 am
8 am
9 am
10 am
11 am
12 am
1 pm
2 pm
3 pm
4 pm
5 pm
6 pm
7 pm
8 pm
9 pm

notas

05 MARZO
jueves

> «Los que esperan a Jehová tendrán nuevas fuerzas; levantarán alas como las águilas; correrán, y no se cansarán; caminarán, y no se fatigarán».
>
> **ISAÍAS 40:31**, RVR

PRIORIDADES

MARZO 2026

D	L	M	M	J	V	S
1	2	3	4	5	6	7
8	9	10	11	12	13	14
15	16	17	18	19	20	21
22	23	24	25	26	27	28
29	30	31				

- 7 am
- 8 am
- 9 am
- 10 am
- 11 am
- 12 am
- 1 pm
- 2 pm
- 3 pm
- 4 pm
- 5 pm
- 6 pm
- 7 pm
- 8 pm
- 9 pm

notas

stos confían en carros,
quellos en caballos;
s nosotros en el nombre del Señor».

SALMO 20:7, RVR60

MARZO
viernes 06

MARZO 2026

L	M	M	J	V	S
2	3	4	5	6	7
9	10	11	12	13	14
16	17	18	19	20	21
23	24	25	26	27	28
30	31				

PRIORIDADES

- 7 am
- 8 am
- 9 am
- 10 am
- 11 am
- 12 am
- 1 pm
- 2 pm
- 3 pm
- 4 pm
- 5 pm
- 6 pm
- 7 pm
- 8 pm
- 9 pm

notas

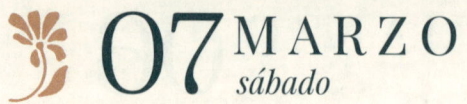

07 MARZO
sábado

«Pero en mi angustia, clamé al Señor;
sí, oré a mi Dios para pedirle ayuda.
Él me oyó desde su santuario;
mi clamor llegó a sus oídos».

SALMO 18:6

PRIORIDADES

MARZO 2026

D	L	M	M	J	V	S
1	2	3	4	5	6	7
8	9	10	11	12	13	14
15	16	17	18	19	20	21
22	23	24	25	26	27	28
29	30	31				

- 7 am
- 8 am
- 9 am
- 10 am
- 11 am
- 12 am
- 1 pm
- 2 pm
- 3 pm
- 4 pm
- 5 pm
- 6 pm
- 7 pm
- 8 pm
- 9 pm

notas

«ás bien, sean bondadosos y compasivos
os con otros y perdónense mutuamente,
como Dios los perdonó a ustedes en Cristo».

ESIOS 4:32, NVI

MARZO
domingo 08

MARZO 2026

L	M	M	J	V	S
2	3	4	5	6	7
9	10	11	12	13	14
16	17	18	19	20	21
23	24	25	26	27	28
30	31				

PRIORIDADES

....
....
....
....

7 am
8 am
9 am
10 am
11 am
12 am
1 pm
2 pm
3 pm
4 pm
5 pm
6 pm
7 pm
8 pm
9 pm

notas

09 MARZO
lunes

«Con Dios está la sabiduría y el poder; suyo es el consejo y la inteligencia».
JOB 12:13, RVR

PRIORIDADES

....
....
....
....

MARZO 2026

D	L	M	M	J	V	S
1	2	3	4	5	6	
8	9	10	11	12	13	14
15	16	17	18	19	20	21
22	23	24	25	26	27	28
29	30	31				

7 am
8 am
9 am
10 am
11 am
12 am
1 pm
2 pm
3 pm
4 pm
5 pm
6 pm
7 pm
8 pm
9 pm

notas

«...n realidad, sin fe es imposible agradar a Dios,
que cualquiera que se acerca a Dios tiene
...e creer que él existe y que recompensa a
...ienes lo buscan».

...BREOS 11:6, NVI

MARZO
martes 10

MARZO 2026

L	M	M	J	V	S
	2	3	4	5	6	7
9	10	11	12	13	14
16	17	18	19	20	21
23	24	25	26	27	28
30	31

PRIORIDADES

7 am
8 am
9 am
10 am
11 am
12 am
1 pm
2 pm
3 pm
4 pm
5 pm
6 pm
7 pm
8 pm
9 pm

notas

11 MARZO
miércoles

> «El corazón alegre constituye buen remedio»
>
> **PROVERBIOS 17:22**, RVR

PRIORIDADES

MARZO 2026

D	L	M	M	J	V
1	2	3	4	5	6
8	9	10	11	12	13
15	16	17	18	19	20
22	23	24	25	26	27
29	30	31			

7 am
8 am
9 am
10 am
11 am
12 am
1 pm
2 pm
3 pm
4 pm
5 pm
6 pm
7 pm
8 pm
9 pm

notas

...rrepentíos y convertíos, para
... sean borrados vuestros pecados».

...CHOS 3:19, RVR60

MARZO
jueves 12

MARZO 2026

L	M	M	J	V	S
	2	3	4	5	6	7
	9	10	11	12	13	14
	16	17	18	19	20	21
	23	24	25	26	27	28
	30	31

PRIORIDADES

7 am
8 am
9 am
10 am
11 am
12 am
1 pm
2 pm
3 pm
4 pm
5 pm
6 pm
7 pm
8 pm
9 pm

notas

13 MARZO
viernes

> «Bendigan a quienes los persigan; bendigan y no maldigan».
> **ROMANOS 12:14,**

PRIORIDADES

MARZO 2026

D	L	M	M	J	V	S
1	2	3	4	5	6	7
8	9	10	11	12	13	14
15	16	17	18	19	20	21
22	23	24	25	26	27	28
29	30	31				

- 7 am
- 8 am
- 9 am
- 10 am
- 11 am
- 12 am
- 1 pm
- 2 pm
- 3 pm
- 4 pm
- 5 pm
- 6 pm
- 7 pm
- 8 pm
- 9 pm

notas

«Cuando mi mente se llenó de dudas, tu consuelo renovó mi esperanza y mi alegría».

LMO 94:19, NTV

MARZO
sábado
14

MARZO 2026

L	M	M	J	V	S
	2	3	4	5	6	7
	9	10	11	12	13	14
	16	17	18	19	20	21
	23	24	25	26	27	28
	30	31

PRIORIDADES

- 7 am
- 8 am
- 9 am
- 10 am
- 11 am
- 12 am
- 1 pm
- 2 pm
- 3 pm
- 4 pm
- 5 pm
- 6 pm
- 7 pm
- 8 pm
- 9 pm

notas

15 MARZO
domingo

> «Señor, tú nos concederás la p[az;]
> en realidad, todo lo que hem[os]
> logrado viene de t[i».]
>
> **ISAÍAS 26:12,**

PRIORIDADES

MARZO 2026

D	L	M	M	J	V	
1	2	3	4	5	6	
8	9	10	11	12	13	
15	16	17	18	19	20	
22	23	24	25	26	27	
29	30	31				

- 7 am
- 8 am
- 9 am
- 10 am
- 11 am
- 12 am
- 1 pm
- 2 pm
- 3 pm
- 4 pm
- 5 pm
- 6 pm
- 7 pm
- 8 pm
- 9 pm

notas

o mismo sucede con mi palabra. La envío
siempre produce fruto; logrará todo lo que
 quiero, y prosperará en todos los lugares
nde yo la envíe».

AÍAS 55:11, NTV

MARZO
lunes **16**

MARZO 2026

L	M	M	J	V	S
	2	3	4	5	6	7
	9	10	11	12	13	14
	16	17	18	19	20	21
	23	24	25	26	27	28
	30	31

PRIORIDADES

....
....
....
....

7 am
8 am
9 am
10 am
11 am
12 am
1 pm
2 pm
3 pm
4 pm
5 pm
6 pm
7 pm
8 pm
9 pm

notas

17 MARZO
martes

«"Vengan, pongamos las cosas en claro", dice el Señ[or] "Aunque sus pecados sean como escarlata, quedar[án] blancos como la nieve. Aunque sean rojos como [la] púrpura, quedarán como la lana[.]"»

ISAÍAS 1:18,

PRIORIDADES

_____
_____
_____
_____

MARZO 2026

D	L	M	M	J	V	
1	2	3	4	5	6	
8	9	10	11	12	13	1
15	16	17	18	19	20	2
22	23	24	25	26	27	2
29	30	31				

- 7 am
- 8 am
- 9 am
- 10 am
- 11 am
- 12 am
- 1 pm
- 2 pm
- 3 pm
- 4 pm
- 5 pm
- 6 pm
- 7 pm
- 8 pm
- 9 pm

notas

odemos hacer nuestros planes,
*ro el S*eñor *determina nuestros pasos».*

overbios 16:9, ntv

MARZO
miércoles **18**

MARZO 2026

L	M	M	J	V	S
2	3	4	5	6	7
9	10	11	12	13	14
16	17	18	19	20	21
23	24	25	26	27	28
30	31				

PRIORIDADES

7 am
8 am
9 am
10 am
11 am
12 am
1 pm
2 pm
3 pm
4 pm
5 pm
6 pm
7 pm
8 pm
9 pm

notas

19 MARZO
jueves

«En esto consiste el amor: no en que nosotr[os] hayamos amado a Dios, sino en que él nos am[ó] y envió a su Hijo para que fuera ofrecido co[mo] sacrificio por el perdón de nuestros pecados[».]

1 JUAN 4:10,

PRIORIDADES

....
....
....

MARZO 2026

D	L	M	M	J	V	S
1	2	3	4	5	6	7
8	9	10	11	12	13	14
15	16	17	18	19	20	21
22	23	24	25	26	27	28
29	30	31				

- 7 am
- 8 am
- 9 am
- 10 am
- 11 am
- 12 am
- 1 pm
- 2 pm
- 3 pm
- 4 pm
- 5 pm
- 6 pm
- 7 pm
- 8 pm
- 9 pm

notas

«Porque somos hechura de Dios, creados en Cristo Jesús para buenas obras, las cuales Dios dispuso de antemano a fin de que las pongamos en práctica».

EFESIOS 2:10, NVI

MARZO 20
viernes

MARZO 2026

D	L	M	M	J	V	S
1	2	3	4	5	6	7
8	9	10	11	12	13	14
15	16	17	18	19	20	21
22	23	24	25	26	27	28
29	30	31				

PRIORIDADES

- 7 am
- 8 am
- 9 am
- 10 am
- 11 am
- 12 am
- 1 pm
- 2 pm
- 3 pm
- 4 pm
- 5 pm
- 6 pm
- 7 pm
- 8 pm
- 9 pm

notas

21 MARZO
sábado

> «Porque tú, oh Señor Jehová, eres mi esperanza, seguridad mía desde mi juventud».
>
> **SALMO 71:5**, RVR

PRIORIDADES

MARZO 2026

D	L	M	M	J	V	S
1	2	3	4	5	6	7
8	9	10	11	12	13	14
15	16	17	18	19	20	21
22	23	24	25	26	27	28
29	30	31				

- 7 am
- 8 am
- 9 am
- 10 am
- 11 am
- 12 am
- 1 pm
- 2 pm
- 3 pm
- 4 pm
- 5 pm
- 6 pm
- 7 pm
- 8 pm
- 9 pm

notas

«engan la misma actitud
e tuvo Cristo Jesús».

BREOS 12:2, NTV

MARZO
domingo **22**

MARZO 2026

	L	M	M	J	V	S
		2	3	4	5	6	7
8	9	10	11	12	13	14
5	16	17	18	19	20	21
2	23	24	25	26	27	28
9	30	31				

PRIORIDADES

....
....
....
....

7 am
8 am
9 am
10 am
11 am
12 am
1 pm
2 pm
3 pm
4 pm
5 pm
6 pm
7 pm
8 pm
9 pm

notas

23 MARZO
lunes

«El Señor dice:
"Te guiaré por el mejor sendero
para tu vida; te aconsejaré
y velaré por ti"»

SALMO 32:8, NTV

PRIORIDADES

....
....
....

MARZO 2026

D	L	M	M	J	V	S
1	2	3	4	5	6	7
8	9	10	11	12	13	14
15	16	17	18	19	20	21
22	**23**	**24**	**25**	**26**	**27**	**28**
29	30	31				

- 7 am
- 8 am
- 9 am
- 10 am
- 11 am
- 12 am
- 1 pm
- 2 pm
- 3 pm
- 4 pm
- 5 pm
- 6 pm
- 7 pm
- 8 pm
- 9 pm

notas

«a sabiduría es lo primero.
¡quiere sabiduría!
r sobre todas las posesiones,
quiere discernimiento».

OVERBIOS 4:7, NVI

MARZO 24
martes

MARZO 2026

L	M	M	J	V	S
2	3	4	5	6	7
9	10	11	12	13	14
16	17	18	19	20	21
23	24	25	26	27	28
30	31				

PRIORIDADES

7 am
8 am
9 am
10 am
11 am
12 am
1 pm
2 pm
3 pm
4 pm
5 pm
6 pm
7 pm
8 pm
9 pm

notas

25 MARZO
miércoles

«Es mejor refugiarse en el Señor
que confiar en la gente».

SALMO 118:8,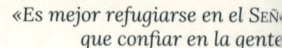

PRIORIDADES

MARZO 2026

D	L	M	M	J	V	S
1	2	3	4	5	6	7
8	9	10	11	12	13	14
15	16	17	18	19	20	21
22	23	24	**25**	26	27	28
29	30	31				

- 7 am
- 8 am
- 9 am
- 10 am
- 11 am
- 12 am
- 1 pm
- 2 pm
- 3 pm
- 4 pm
- 5 pm
- 6 pm
- 7 pm
- 8 pm
- 9 pm

notas

«Mas tú, Jehová, eres escudo alrededor de mí; mi gloria, y el que levanta mi cabeza».

SALMO 3:3, RVR60

MARZO
jueves

MARZO 2026

D	L	M	M	J	V	S
1	2	3	4	5	6	7
8	9	10	11	12	13	14
15	16	17	18	19	20	21
22	23	24	25	26	27	28
29	30	31				

PRIORIDADES

7 am
8 am
9 am
10 am
11 am
12 am
1 pm
2 pm
3 pm
4 pm
5 pm
6 pm
7 pm
8 pm
9 pm

notas

27 MARZO
viernes

«Señor *hazme conocer tus caminos y enséñame tus sendas*»

SALMO 25:4,

PRIORIDADES

MARZO 2026

D	L	M	M	J	V	S
1	2	3	4	5	6	7
8	9	10	11	12	13	14
15	16	17	18	19	20	21
22	23	24	25	26	27	28
29	30	31				

- 7 am
- 8 am
- 9 am
- 10 am
- 11 am
- 12 am
- 1 pm
- 2 pm
- 3 pm
- 4 pm
- 5 pm
- 6 pm
- 7 pm
- 8 pm
- 9 pm

notas

l sana a los quebrantados de corazón, venda sus heridas».

LMO 147:3, RVR60

MARZO
sábado

MARZO 2026

L	M	M	J	V	S
	2	3	4	5	6	7
	9	10	11	12	13	14
	16	17	18	19	20	21
	23	24	25	26	27	28
	30	31

PRIORIDADES

7 am
8 am
9 am
10 am
11 am
12 am
1 pm
2 pm
3 pm
4 pm
5 pm
6 pm
7 pm
8 pm
9 pm

notas

29 MARZO
domingo

> «Manténganse firmes y aguarden con paciencia la venida del Señor, que ya se acerca»
> **SANTIAGO 5:8**

PRIORIDADES

....
....
....
....

MARZO 2026

D	L	M	M	J	V	S
1	2	3	4	5	6	7
8	9	10	11	12	13	14
15	16	17	18	19	20	21
22	23	24	25	26	27	28
29	30	31				

- 7 am
- 8 am
- 9 am
- 10 am
- 11 am
- 12 am
- 1 pm
- 2 pm
- 3 pm
- 4 pm
- 5 pm
- 6 pm
- 7 pm
- 8 pm
- 9 pm

notas

«Que te conceda lo que tu corazón desea;
te haga que se cumplan todos tus planes».

SALMO 20:4, NVI

MARZO
lunes 30

MARZO 2026

D	L	M	M	J	V	S
1	2	3	4	5	6	7
8	9	10	11	12	13	14
15	16	17	18	19	20	21
22	23	24	25	26	27	28
29	30	31				

PRIORIDADES

....
....
....
....

- 7 am
- 8 am
- 9 am
- 10 am
- 11 am
- 12 am
- 1 pm
- 2 pm
- 3 pm
- 4 pm
- 5 pm
- 6 pm
- 7 pm
- 8 pm
- 9 pm

notas

31 MARZO
martes

> «No tengan miedo, mi rebaño pequeño, porque es la buena voluntad del Padre darles el reino».
>
> **LUCAS 12:32,**

PRIORIDADES

MARZO 2026

D	L	M	M	J	V	S
1	2	3	4	5	6	7
8	9	10	11	12	13	14
15	16	17	18	19	20	21
22	23	24	25	26	27	28
29	30	31				

- 7 am
- 8 am
- 9 am
- 10 am
- 11 am
- 12 am
- 1 pm
- 2 pm
- 3 pm
- 4 pm
- 5 pm
- 6 pm
- 7 pm
- 8 pm
- 9 pm

notas

ABRIL

«Toda tú eres bella, amada mía;
no hay en ti defecto alguno».

CANTARES 4:7, NVI

ABRIL
2026

DOMINGO	LUNES	MARTES	MIÉRCOLES
			1
5	6	7	8
12	13	14	15
19	20	21	22
26	27	28	29

ABRIL
2026

JUEVES	VIERNES	SÁBADO
2	3	4
9	10	11
16	17	18
23	24	25
30		

notas

MARZO 2026

D	L	M	M	J	V	S
1	2	3	4	5	6	7
8	9	10	11	12	13	14
15	16	17	18	19	20	21
22	23	24	25	26	27	28
29	30	31				

MAYO 2026

D	L	M	M	J	V	S
					1	2
3	4	5	6	7	8	9
10	11	12	13	14	15	16
17	18	19	20	21	22	23
24	25	26	27	28	29	30
31						

PLAN *mensual*

PRIORIDADES DEL MES

MOTIVOS DE ORACIÓN

PRESUPUESTO *mensual*

CUENTAS	FECHA	CANTIDAD	PAGO	BALANCE

«De ti proceden la riqueza y el honor».
1 CRÓNICAS 29:12, LBLA

TOTAL

01 ABRIL
miércoles

«Pon todo lo que hag(as)
en manos del Señor, y tus pla(nes)
tendrán éxit(o)».

PROVERBIOS 16:3,

PRIORIDADES

....
....
....
....

ABRIL 2026

D	L	M	M	J	V	
			1	2	3	
5	6	7	8	9	10	
12	13	14	15	16	17	
19	20	21	22	23	24	
26	27	28	29	30		

- 7 am
- 8 am
- 9 am
- 10 am
- 11 am
- 12 am
- 1 pm
- 2 pm
- 3 pm
- 4 pm
- 5 pm
- 6 pm
- 7 pm
- 8 pm
- 9 pm

notas

e cierto os digo, que el que no reciba
reino de Dios como un niño,
entrará en él».

ARCOS 10:15, RVR60

ABRIL
jueves 02

ABRIL 2026

L	M	M	J	V	S
		1	2	3	4
6	7	8	9	10	11
13	14	15	16	17	18
20	21	22	23	24	25
27	28	29	30		

PRIORIDADES

7 am
8 am
9 am
10 am
11 am
12 am
1 pm
2 pm
3 pm
4 pm
5 pm
6 pm
7 pm
8 pm
9 pm

notas

03 ABRIL
viernes

«Señor, ¡ten compasión de nosotr(os)
pues en ti esperamos! Sé nuestra fortale(za)
cada mañana, nuestra salvaci(ón)
en tiempo de angustia(».)

ISAÍAS 33:2,

PRIORIDADES

ABRIL 2026

D	L	M	M	J	V	S
			1	2	3	4
5	6	7	8	9	10	1(1)
12	13	14	15	16	17	18
19	20	21	22	23	24	2(5)
26	27	28	29	30		

- 7 am
- 8 am
- 9 am
- 10 am
- 11 am
- 12 am
- 1 pm
- 2 pm
- 3 pm
- 4 pm
- 5 pm
- 6 pm
- 7 pm
- 8 pm
- 9 pm

notas

...no solo en esto, sino también en nuestros
...rimientos, porque sabemos que el sufrimiento
...duce perseverancia; la perseverancia, entereza
...carácter; la entereza de carácter, esperanza».

...MANOS 5:3-4, NVI

ABRIL
sábado

04

ABRIL 2026

L	M	M	J	V	S
		1	2	3	4
6	7	8	9	10	11
13	14	15	16	17	18
20	21	22	23	24	25
27	28	29	30		

PRIORIDADES

....
....
....
....
....

7 am
8 am
9 am
10 am
11 am
12 am
1 pm
2 pm
3 pm
4 pm
5 pm
6 pm
7 pm
8 pm
9 pm

☐ ☐ ☐ ☐ ☐ ☐ ☐ ☐ ☐ ☐ ☐ ☐ ☐ ☐ ☐

notas

05 ABRIL
domingo

> «Así que acerquémonos confiadamente al tro— de la gracia para recibir la misericor— y encontrar la gracia que nos ayu— oportunament—

HEBREOS 4:16,

PRIORIDADES

ABRIL 2026

D	L	M	M	J	V
			1	2	3
5	6	7	8	9	10
12	13	14	15	16	17
19	20	21	22	23	24
26	27	28	29	30	

- 7 am
- 8 am
- 9 am
- 10 am
- 11 am
- 12 am
- 1 pm
- 2 pm
- 3 pm
- 4 pm
- 5 pm
- 6 pm
- 7 pm
- 8 pm
- 9 pm

notas

«El Señor abrirá los cielos, su generoso tesoro, para derramar a su debido tiempo la lluvia sobre tu tierra y para bendecir todo el trabajo de tus manos».

DEUTERONOMIO 28:12, NVI

ABRIL
lunes
06

ABRIL 2026

L	M	M	J	V	S	D
		1	2	3	4	
6	7	8	9	10	11	
13	14	15	16	17	18	
20	21	22	23	24	25	
27	28	29	30			

PRIORIDADES

7 am
8 am
9 am
10 am
11 am
12 am
1 pm
2 pm
3 pm
4 pm
5 pm
6 pm
7 pm
8 pm
9 pm

notas

07 ABRIL
martes

> «Así que no se preocupen por el mañ[ana]
> porque el día de mañana traerá sus pro[pias]
> preocupaciones. Los problemas del [día]
> de hoy son suficientes por h[oy]».
>
> **MATEO 6:34**

PRIORIDADES

ABRIL 2026

D	L	M	M	J	V
			1	2	3
5	6	7	8	9	10
12	13	14	15	16	17
19	20	21	22	23	24
26	27	28	29	30	

- 7 am
- 8 am
- 9 am
- 10 am
- 11 am
- 12 am
- 1 pm
- 2 pm
- 3 pm
- 4 pm
- 5 pm
- 6 pm
- 7 pm
- 8 pm
- 9 pm

notas

«Señor es compasivo y misericordioso, lento para enojarse y está lleno de amor inagotable».

SALMO 103:8, NTV

ABRIL 08
miércoles

ABRIL 2026

L	M	M	J	V	S
		1	2	3	4
6	7	8	9	10	11
13	14	15	16	17	18
20	21	22	23	24	25
27	28	29	30		

PRIORIDADES

7 am
8 am
9 am
10 am
11 am
12 am
1 pm
2 pm
3 pm
4 pm
5 pm
6 pm
7 pm
8 pm
9 pm

notas

09 ABRIL
jueves

«Tú eres mi fuerza; espero que me rescat[es], porque tú, oh Dios, eres mi fortalez[a]».

SALMO 59:9,

PRIORIDADES

ABRIL 2026

D	L	M	M	J	V	
			1	2	3	
5	6	7	8	9	10	
12	13	14	15	16	17	
19	20	21	22	23	24	
26	27	28	29	30		

- 7 am
- 8 am
- 9 am
- 10 am
- 11 am
- 12 am
- 1 pm
- 2 pm
- 3 pm
- 4 pm
- 5 pm
- 6 pm
- 7 pm
- 8 pm
- 9 pm

notas

…n esa esperanza fuimos salvados. Pero esperar
que ya se ve no es esperanza. ¿Quién espera lo
que ya ve? Pero si esperamos lo que todavía no
…nos, en la espera mostramos nuestra constancia».

…MANOS 8:24-25, NVI

ABRIL 10
viernes

ABRIL 2026

L	M	M	J	V	S
		1	2	3	4
6	7	8	9	10	11
13	14	15	16	17	18
20	21	22	23	24	25
27	28	29	30		

PRIORIDADES

7 am
8 am
9 am
10 am
11 am
12 am
1 pm
2 pm
3 pm
4 pm
5 pm
6 pm
7 pm
8 pm
9 pm

notas

11 ABRIL
sábado

> «Dios, que es rico en misericordia, por su gr[an]
> amor por nosotros, nos dio vida con Cri[sto]
> aun cuando estábamos muertos en peca[do].
> ¡Por gracia ustedes han sido salvado[s]!»
>
> **EFESIOS 2:4-5**

PRIORIDADES

ABRIL 2026

D	L	M	M	J	V
			1	2	3
5	6	7	8	9	10
12	13	14	15	16	17
19	20	21	22	23	24
26	27	28	29	30	

- 7 am
- 8 am
- 9 am
- 10 am
- 11 am
- 12 am
- 1 pm
- 2 pm
- 3 pm
- 4 pm
- 5 pm
- 6 pm
- 7 pm
- 8 pm
- 9 pm

notas

«El Señor es mi fuerza y mi canción; ¡él es mi salvación! Él es mi Dios y lo alabaré; es el Dios de mi padre y lo enalteceré».

ÉXODO 15:2, NVI

ABRIL
domingo 12

ABRIL 2026

L	M	M	J	V	S
		1	2	3	4
6	7	8	9	10	11
13	14	15	16	17	18
20	21	22	23	24	25
27	28	29	30		

PRIORIDADES

7 am
8 am
9 am
10 am
11 am
12 am
1 pm
2 pm
3 pm
4 pm
5 pm
6 pm
7 pm
8 pm
9 pm

notas

13 ABRIL
lunes

> «El Señor es mi luz y mi salvaci[ón];
> ¿a quién temeré? El Señor es el balua[rte]
> de mi vida; ¿quién me asustará[?]»
>
> **SALMO 27:1,**

PRIORIDADES

ABRIL 2026

D	L	M	M	J	V	
			1	2	3	
5	6	7	8	9	10	
12	13	14	15	16	17	
19	20	21	22	23	24	
26	27	28	29	30		

- 7 am
- 8 am
- 9 am
- 10 am
- 11 am
- 12 am
- 1 pm
- 2 pm
- 3 pm
- 4 pm
- 5 pm
- 6 pm
- 7 pm
- 8 pm
- 9 pm

notas

«El Señor tu Dios, está en medio de ti como poderoso guerrero que salva. Se deleitará en ti con gozo, te renovará con su amor, se alegrará por ti con cantos».

SOFONÍAS 3:17, NVI

ABRIL 14
martes

ABRIL 2026

L	M	M	J	V	S	D
		1	2	3	4	
6	7	8	9	10	11	
13	14	15	16	17	18	
20	21	22	23	24	25	
27	28	29	30			

PRIORIDADES

- 7 am
- 8 am
- 9 am
- 10 am
- 11 am
- 12 am
- 1 pm
- 2 pm
- 3 pm
- 4 pm
- 5 pm
- 6 pm
- 7 pm
- 8 pm
- 9 pm

notas

15 ABRIL
miércoles

«¡Él te ha mostrado, oh mortal, lo que es bueno ¿Y qué es lo que espera de ti el Señor?: Practica la justicia, amar la misericordia y caminar humildemente ante tu Dios

MIQUEAS 6:8,

PRIORIDADES

ABRIL 2026

D	L	M	M	J	V	S
			1	2	3	
5	6	7	8	9	10	
12	13	14	15	16	17	
19	20	21	22	23	24	
26	27	28	29	30		

7 am
8 am
9 am
10 am
11 am
12 am
1 pm
2 pm
3 pm
4 pm
5 pm
6 pm
7 pm
8 pm
9 pm

notas

«Si a alguno de ustedes le falta sabiduría, pídasela a Dios y él se la dará, pues Dios da a todos generosamente sin menospreciar a nadie».

SANTIAGO 1:5, NVI

ABRIL
jueves **16**

ABRIL 2026

D	L	M	M	J	V	S
			1	2	3	4
5	6	7	8	9	10	11
12	13	14	15	16	17	18
19	20	21	22	23	24	25
26	27	28	29	30		

PRIORIDADES

- 7 am
- 8 am
- 9 am
- 10 am
- 11 am
- 12 am
- 1 pm
- 2 pm
- 3 pm
- 4 pm
- 5 pm
- 6 pm
- 7 pm
- 8 pm
- 9 pm

notas

17 ABRIL
viernes

«Den gracias por todo a Dios el Padre en el nombre de nuestro Señor Jesucristo

EFESIOS 5:20,

PRIORIDADES

ABRIL 2026

D	L	M	M	J	V	S
			1	2	3	4
5	6	7	8	9	10	11
12	13	14	15	16	17	18
19	20	21	22	23	24	25
26	27	28	29	30		

7 am
8 am
9 am
10 am
11 am
12 am
1 pm
2 pm
3 pm
4 pm
5 pm
6 pm
7 pm
8 pm
9 pm

notas

"Guarda silencio ante el Señor y espera en él
con paciencia; no te enojes ante el éxito de otros,
de los que maquinan planes malvados».

SALMO 37:7, NVI

ABRIL 18
sábado

ABRIL 2026

L	M	M	J	V	S	D
		1	2	3	4	5
6	7	8	9	10	11	12
13	14	15	16	17	**18**	19
20	21	22	23	24	25	26
27	28	29	30			

PRIORIDADES

- 7 am
- 8 am
- 9 am
- 10 am
- 11 am
- 12 am
- 1 pm
- 2 pm
- 3 pm
- 4 pm
- 5 pm
- 6 pm
- 7 pm
- 8 pm
- 9 pm

notas

19 ABRIL
domingo

> «Reconócelo en todos tus caminos
> y él enderezará tus veredas».
>
> **PROVERBIOS 3:6**, RVR60

PRIORIDADES

ABRIL 2026

D	L	M	M	J	V	S
			1	2	3	4
5	6	7	8	9	10	11
12	13	14	15	16	17	18
19	20	21	22	23	24	25
26	27	28	29	30		

- 7 am
- 8 am
- 9 am
- 10 am
- 11 am
- 12 am
- 1 pm
- 2 pm
- 3 pm
- 4 pm
- 5 pm
- 6 pm
- 7 pm
- 8 pm
- 9 pm

notas

«Se olvidará la mujer de lo que dio a luz, para [de]jar de compadecerse del hijo de su vientre? [Au]nque olvide ella, yo nunca me olvidaré de ti».

ISAÍAS 49:15, RVR60

ABRIL 20
lunes

ABRIL 2026

L	M	M	J	V	S
		1	2	3	4
6	7	8	9	10	11
13	14	15	16	17	18
20	21	22	23	24	25
27	28	29	30		

PRIORIDADES

7 am
8 am
9 am
10 am
11 am
12 am
1 pm
2 pm
3 pm
4 pm
5 pm
6 pm
7 pm
8 pm
9 pm

notas

21 ABRIL
martes

> «El Señor es mi fuer[za]
> y mi canción; ¡él es mi salvación
>
> **SALMO 118:14,**

PRIORIDADES

ABRIL 2026

D	L	M	M	J	V	S
			1	2	3	4
5	6	7	8	9	10	11
12	13	14	15	16	17	18
19	20	**21**	22	23	24	25
26	27	28	29	30		

- 7 am
- 8 am
- 9 am
- 10 am
- 11 am
- 12 am
- 1 pm
- 2 pm
- 3 pm
- 4 pm
- 5 pm
- 6 pm
- 7 pm
- 8 pm
- 9 pm

notas

«Bendito sea el Señor, mi Roca, que adiestra mis manos para la guerra, mis dedos para la batalla».

SALMO 144:1, NVI

ABRIL
miércoles 22

ABRIL 2026

D	L	M	M	J	V	S
			1	2	3	4
5	6	7	8	9	10	11
12	13	14	15	16	17	18
19	20	21	22	23	24	25
26	27	28	29	30		

PRIORIDADES

- 7 am
- 8 am
- 9 am
- 10 am
- 11 am
- 12 am
- 1 pm
- 2 pm
- 3 pm
- 4 pm
- 5 pm
- 6 pm
- 7 pm
- 8 pm
- 9 pm

notas

23 ABRIL
jueves

> «Lámpara es a mis pies tu palabra, y lumbrera a mi camino».
>
> **SALMO 119:105**, RVR

PRIORIDADES

ABRIL 2026

D	L	M	M	J	V	S
			1	2	3	
5	6	7	8	9	10	
12	13	14	15	16	17	
19	20	21	22	23	24	
26	27	28	29	30		

- 7 am
- 8 am
- 9 am
- 10 am
- 11 am
- 12 am
- 1 pm
- 2 pm
- 3 pm
- 4 pm
- 5 pm
- 6 pm
- 7 pm
- 8 pm
- 9 pm

notas

«El entrenamiento físico es bueno, pero entrenarse en la sumisión a Dios es mucho mejor, porque promete beneficios en esta vida y en la vida que viene».

1 TIMOTEO 4:8, NTV

ABRIL
viernes 24

ABRIL 2026

L	M	M	J	V	S	D
		1	2	3	4	
6	7	8	9	10	11	
13	14	15	16	17	18	
20	21	22	23	**24**	25	
27	28	29	30			

PRIORIDADES

- 7 am
- 8 am
- 9 am
- 10 am
- 11 am
- 12 am
- 1 pm
- 2 pm
- 3 pm
- 4 pm
- 5 pm
- 6 pm
- 7 pm
- 8 pm
- 9 pm

notas

25 ABRIL
sábado

> «Porque el que se enaltece será humillado, y el que se humilla será enaltecido»
>
> MATEO 23:12, RVR

PRIORIDADES

ABRIL 2026

D	L	M	M	J	V	S
			1	2	3	4
5	6	7	8	9	10	11
12	13	14	15	16	17	18
19	20	21	22	23	24	25
26	27	28	29	30		

- 7 am
- 8 am
- 9 am
- 10 am
- 11 am
- 12 am
- 1 pm
- 2 pm
- 3 pm
- 4 pm
- 5 pm
- 6 pm
- 7 pm
- 8 pm
- 9 pm

notas

«Podrán desfallecer mi cuerpo y mi corazón, pero Dios es la roca de mi corazón; es mi herencia eterna».

SALMO 73:26, NVI

ABRIL 26
domingo

ABRIL 2026

D	L	M	M	J	V	S
			1	2	3	4
5	6	7	8	9	10	11
12	13	14	15	16	17	18
19	20	21	22	23	24	25
26	27	28	29	30		

PRIORIDADES

7 am
8 am
9 am
10 am
11 am
12 am
1 pm
2 pm
3 pm
4 pm
5 pm
6 pm
7 pm
8 pm
9 pm

notas

27 ABRIL
lunes

> «Por tanto, mi servicio a Dios es para mí motivo de orgullo en Cristo Jesús»
>
> **ROMANOS 15:17,**

PRIORIDADES

ABRIL 2026

D	L	M	M	J	V	S
			1	2	3	
5	6	7	8	9	10	
12	13	14	15	16	17	
19	20	21	22	23	24	
26	27	28	29	30		

- 7 am
- 8 am
- 9 am
- 10 am
- 11 am
- 12 am
- 1 pm
- 2 pm
- 3 pm
- 4 pm
- 5 pm
- 6 pm
- 7 pm
- 8 pm
- 9 pm

notas

«Porque por fe andamos, no por vista».

2 CORINTIOS 5:7, RVR60

ABRIL 28
martes

ABRIL 2026

D	L	M	M	J	V	S
			1	2	3	4
5	6	7	8	9	10	11
12	13	14	15	16	17	18
19	20	21	22	23	24	25
26	27	**28**	29	30		

PRIORIDADES

- 7 am
- 8 am
- 9 am
- 10 am
- 11 am
- 12 am
- 1 pm
- 2 pm
- 3 pm
- 4 pm
- 5 pm
- 6 pm
- 7 pm
- 8 pm
- 9 pm

notas

29 ABRIL
miércoles

> «Envía paz por toda tu nación
> y te sacia el hambre con el mejor trigo
>
> **SALMO 147:14,**

PRIORIDADES

ABRIL 2026

D	L	M	M	J	V	S
			1	2	3	4
5	6	7	8	9	10	11
12	13	14	15	16	17	18
19	20	21	22	23	24	25
26	27	28	29	30		

7 am
8 am
9 am
10 am
11 am
12 am
1 pm
2 pm
3 pm
4 pm
5 pm
6 pm
7 pm
8 pm
9 pm

notas

«Crean que ya han recibido todo lo que estén pidiendo en oración y lo obtendrán».

MARCOS 11:24, NVI

ABRIL 30
jueves

ABRIL 2026

D	L	M	M	J	V	S
			1	2	3	4
5	6	7	8	9	10	11
12	13	14	15	16	17	18
19	20	21	22	23	24	25
26	27	28	29	30		

PRIORIDADES

- 7 am
- 8 am
- 9 am
- 10 am
- 11 am
- 12 am
- 1 pm
- 2 pm
- 3 pm
- 4 pm
- 5 pm
- 6 pm
- 7 pm
- 8 pm
- 9 pm

notas

MAYO

«Más bien, que la belleza de ustedes sea la incorruptible, la que procede de lo íntimo del corazón y consiste en un espíritu humilde y apacible. Esta sí que tiene mucho valor delante de Dios».

1 PEDRO 3:4, NVI

MAYO
2026

DOMINGO	LUNES	MARTES	MIÉRCOLES
3	4	5	6
10	11	12	13
17	18	19	20
24	25	26	27
31			

MAYO
2026

JUEVES	VIERNES	SÁBADO
	1	2
7	8	9
14	15	16
21	22	23
28	29	30

notas

ABRIL 2026

D	L	M	M	J	V	S
			1	2	3	4
5	6	7	8	9	10	11
12	13	14	15	16	17	18
19	20	21	22	23	24	25
26	27	28	29	30		

JUNIO 2026

D	L	M	M	J	V	S
	1	2	3	4	5	6
7	8	9	10	11	12	13
14	15	16	17	18	19	20
21	22	23	24	25	26	27
28	29	30				

PLAN *mensual*

PRIORIDADES DEL MES

MOTIVOS DE ORACIÓN

PRESUPUESTO *mensual*

CUENTAS	FECHA	CANTIDAD	PAGO	BALANCE

«Más vale adquirir sabiduría que oro».
PROVERBIOS 16:16, LBLA

TOTAL

01 MAYO
viernes

> «Así como el Padre me ha amado a
> también yo los he amado a usted
> Permanezcan en mi amo
>
> **JUAN 15:9,**

PRIORIDADES

MAYO 2026

D	L	M	M	J	V
					1
3	4	5	6	7	8
10	11	12	13	14	15
17	18	19	20	21	22
24	25	26	27	28	29
31					

- 7 am
- 8 am
- 9 am
- 10 am
- 11 am
- 12 am
- 1 pm
- 2 pm
- 3 pm
- 4 pm
- 5 pm
- 6 pm
- 7 pm
- 8 pm
- 9 pm

notas

«...vanten el escudo de la fe
...a detener las flechas
...cendidas del diablo».

...SIOS 6:16, NTV

MAYO 02
sábado

MAYO 2026

L	M	M	J	V	S
				1	2
4	5	6	7	8	9
11	12	13	14	15	16
18	19	20	21	22	23
25	26	27	28	29	30

PRIORIDADES

7 am
8 am
9 am
10 am
11 am
12 am
1 pm
2 pm
3 pm
4 pm
5 pm
6 pm
7 pm
8 pm
9 pm

notas

03 MAYO
domingo

> «Sean comprensivos con las faltas de los de[más]
> y perdonen a todo el que los ofe[nda].
> Recuerden que el Señor los perdonó a uste[des],
> así que ustedes deben perdonar a otr[os].»
>
> **COLOSENSES 3:13**

PRIORIDADES

....
....
....
....

MAYO 2026

D	L	M	M	J	V
					1
3	4	5	6	7	8
10	11	12	13	14	15
17	18	19	20	21	22
24	25	26	27	28	29
31					

- 7 am
- 8 am
- 9 am
- 10 am
- 11 am
- 12 am
- 1 pm
- 2 pm
- 3 pm
- 4 pm
- 5 pm
- 6 pm
- 7 pm
- 8 pm
- 9 pm

notas

«... esperanza no avergüenza; porque ... mor de Dios ha sido derramado ... nuestros corazones por el Espíritu Santo ... nos fue dado».

ROMANOS 5:5, RVR60

MAYO
lunes 04

MAYO 2026

L	M	M	J	V	S
				1	2
4	5	6	7	8	9
11	12	13	14	15	16
18	19	20	21	22	23
25	26	27	28	29	30

PRIORIDADES

7 am
8 am
9 am
10 am
11 am
12 am
1 pm
2 pm
3 pm
4 pm
5 pm
6 pm
7 pm
8 pm
9 pm

notas

05 MAYO
martes

> «No se amolden al mundo actual, sino sean transformados mediante la renovación de su mente. Así podrán comprobar cómo es la voluntad de Dios: buena, agradable y perfecta».
>
> **ROMANOS 12:2,**

PRIORIDADES

....
....
....
....

MAYO 2026

D	L	M	M	J	V
					1
3	4	5	6	7	8
10	11	12	13	14	15
17	18	19	20	21	22
24	25	26	27	28	29
31					

- 7 am
- 8 am
- 9 am
- 10 am
- 11 am
- 12 am
- 1 pm
- 2 pm
- 3 pm
- 4 pm
- 5 pm
- 6 pm
- 7 pm
- 8 pm
- 9 pm

notas

>da buena dádiva y toda perfecta bendición
cienden de lo alto, donde está el Padre
e creó las lumbreras celestes, y quien no
nbia ni se mueve como las sombras».

NTIAGO 1:17, NVI

MAYO
miércoles 06

MAYO 2026

L	M	M	J	V	S
				1	2
4	5	6	7	8	9
11	12	13	14	15	16
18	19	20	21	22	23
25	26	27	28	29	30

PRIORIDADES

- 7 am
- 8 am
- 9 am
- 10 am
- 11 am
- 12 am
- 1 pm
- 2 pm
- 3 pm
- 4 pm
- 5 pm
- 6 pm
- 7 pm
- 8 pm
- 9 pm

notas

07 MAYO
jueves

> «Den y se les dará: se les echará en el reg[azo] una medida llena, apretada, sacudid[a,] desbordante. Porque con la medida con [que] midan a otros, se les medirá a usted[es».]
>
> **LUCAS 6:38**

PRIORIDADES

....
....
....
....

MAYO 2026

D	L	M	M	J	V
					1
3	4	5	6	7	8
10	11	12	13	14	15
17	18	19	20	21	22
24	25	26	27	28	29
31					

- 7 am
- 8 am
- 9 am
- 10 am
- 11 am
- 12 am
- 1 pm
- 2 pm
- 3 pm
- 4 pm
- 5 pm
- 6 pm
- 7 pm
- 8 pm
- 9 pm

notas

...si se conducen según mis estatutos y obedecen fielmente mis mandamientos, yo enviaré lluvia a su tiempo, y la tierra y los árboles del campo darán sus frutos».

LEVÍTICO 26:3-4, NVI

MAYO 08 viernes

MAYO 2026

L	M	M	J	V	S
				1	2
4	5	6	7	8	9
11	12	13	14	15	16
18	19	20	21	22	23
25	26	27	28	29	30

PRIORIDADES

7 am
8 am
9 am
10 am
11 am
12 am
1 pm
2 pm
3 pm
4 pm
5 pm
6 pm
7 pm
8 pm
9 pm

notas

09 MAYO
sábado

«Derramaré agua para calmar tu sed y para reg[ar] tus campos resecos; derramaré mi Espíritu sobre t[us] descendientes, y mi bendición sobre tus hijos[...]».

ISAÍAS 44:3, N[...]

PRIORIDADES

MAYO 2026

D	L	M	M	J	V	S
					1	2
3	4	5	6	7	8	9
10	11	12	13	14	15	16
17	18	19	20	21	22	2[3]
24	25	26	27	28	29	3[0]
31						

- 7 am
- 8 am
- 9 am
- 10 am
- 11 am
- 12 am
- 1 pm
- 2 pm
- 3 pm
- 4 pm
- 5 pm
- 6 pm
- 7 pm
- 8 pm
- 9 pm

notas

«Qué, pues, diremos a esto? Dios es por nosotros, ¿quién contra nosotros?».

ROMANOS 8:31, RVR60

MAYO 10
domingo

MAYO 2026

D	L	M	M	J	V	S
					1	2
3	4	5	6	7	8	9
10	11	12	13	14	15	16
17	18	19	20	21	22	23
24	25	26	27	28	29	30
31						

PRIORIDADES

7 am
8 am
9 am
10 am
11 am
12 am
1 pm
2 pm
3 pm
4 pm
5 pm
6 pm
7 pm
8 pm
9 pm

notas

11 MAYO
lunes

«Por la mañana hazme saber de tu gran am[or],
porque en ti he puesto mi confianza. Señála[me]
el camino que debo seguir, porque a ti ele[vo]
mi alm[a]».

SALMO 143:8,

PRIORIDADES

....
....
....
....

MAYO 2026

D	L	M	M	J	V	
					1	
3	4	5	6	7	8	
10	11	12	13	14	15	
17	18	19	20	21	22	
24	25	26	27	28	29	
31						

7 am
8 am
9 am
10 am
11 am
12 am
1 pm
2 pm
3 pm
4 pm
5 pm
6 pm
7 pm
8 pm
9 pm

notas

«Torre fuerte es el nombre del Señor; a ella corren los justos y se ponen a salvo».

PROVERBIOS 18:10, NVI

MAYO
martes 12

MAYO 2026

D	L	M	M	J	V	S
					1	2
3	4	5	6	7	8	9
10	11	12	13	14	15	16
17	18	19	20	21	22	23
24	25	26	27	28	29	30
31						

PRIORIDADES

....
....
....
....

7 am
8 am
9 am
10 am
11 am
12 am
1 pm
2 pm
3 pm
4 pm
5 pm
6 pm
7 pm
8 pm
9 pm

notas

13 MAYO
miércoles

> «El que va tras la justic[ia]
> y el amor halla vida, justic[ia]
> y honr[a]»
>
> **PROVERBIOS 21:21,**

PRIORIDADES

_____
_____
_____
_____

MAYO 2026

D	L	M	M	J	V	S
					1	2
3	4	5	6	7	8	9
10	11	12	13	14	15	16
17	18	19	20	21	22	23
24	25	26	27	28	29	30
31						

- 7 am
- 8 am
- 9 am
- 10 am
- 11 am
- 12 am
- 1 pm
- 2 pm
- 3 pm
- 4 pm
- 5 pm
- 6 pm
- 7 pm
- 8 pm
- 9 pm

notas

«Así que yo digo: Pidan y se les dará; busquen y encontrarán; llamen y se les abrirá. Porque todo el que pide, recibe; el que busca, encuentra y al que llama, se le abre».

LUCAS 11:9-10, NVI

MAYO 14
jueves

MAYO 2026

D	L	M	M	J	V	S
					1	2
3	4	5	6	7	8	9
10	11	12	13	**14**	15	16
17	18	19	20	21	22	23
24	25	26	27	28	29	30
31

PRIORIDADES

- 7 am
- 8 am
- 9 am
- 10 am
- 11 am
- 12 am
- 1 pm
- 2 pm
- 3 pm
- 4 pm
- 5 pm
- 6 pm
- 7 pm
- 8 pm
- 9 pm

notas

15 MAYO
viernes

> «Convertiste mi lamento en danz[a],
> me quitaste la ropa de lu[to]
> y me vestiste de alegrí[a]».
> **SALMO 30:11,**

PRIORIDADES

MAYO 2026

D	L	M	M	J	V	S
					1	2
3	4	5	6	7	8	9
10	11	12	13	14	**15**	16
17	18	19	20	21	22	23
24	25	26	27	28	29	30
31						

- 7 am
- 8 am
- 9 am
- 10 am
- 11 am
- 12 am
- 1 pm
- 2 pm
- 3 pm
- 4 pm
- 5 pm
- 6 pm
- 7 pm
- 8 pm
- 9 pm

notas

«ero la verdadera sabiduría y el poder encuentran en Dios; el consejo y entendimiento le pertenecen».

JOB 12:13, NTV

MAYO 16
sábado

MAYO 2026

L	M	M	J	V	S
				1	2
4	5	6	7	8	9
11	12	13	14	15	16
18	19	20	21	22	23
25	26	27	28	29	30

PRIORIDADES

- 7 am
- 8 am
- 9 am
- 10 am
- 11 am
- 12 am
- 1 pm
- 2 pm
- 3 pm
- 4 pm
- 5 pm
- 6 pm
- 7 pm
- 8 pm
- 9 pm

notas

17 MAYO
domingo

> «Cada uno ponga al servicio de los dem[ás] el don que haya recibido, administra[ndo] bien la gracia de Dios en sus diversas forma[s]»
>
> **1 PEDRO 4:10,**

PRIORIDADES

MAYO 2026

D	L	M	M	J	V
					1
3	4	5	6	7	8
10	11	12	13	14	15
17	18	19	20	21	22
24	25	26	27	28	29
31

- 7 am
- 8 am
- 9 am
- 10 am
- 11 am
- 12 am
- 1 pm
- 2 pm
- 3 pm
- 4 pm
- 5 pm
- 6 pm
- 7 pm
- 8 pm
- 9 pm

notas

«Bendito sea Dios, Padre de nuestro Señor Jesucristo! Por su gran misericordia, nos ha hecho nacer de nuevo mediante la resurrección de Jesucristo de entre los muertos, para que tengamos una esperanza viva».

1 PEDRO 1:3, NVI

MAYO
lunes 18

MAYO 2026

L	M	M	J	V	S
				1	2
4	5	6	7	8	9
11	12	13	14	15	16
18	19	20	21	22	23
25	26	27	28	29	30

PRIORIDADES

- 7 am
- 8 am
- 9 am
- 10 am
- 11 am
- 12 am
- 1 pm
- 2 pm
- 3 pm
- 4 pm
- 5 pm
- 6 pm
- 7 pm
- 8 pm
- 9 pm

notas

19 MAYO
martes

«El entendido en la palabra hallará el bien, y el que confía en Jehová es bienaventurado».

PROVERBIOS 16:20, RVR

PRIORIDADES

MAYO 2026

D	L	M	M	J	V	S
					1	2
3	4	5	6	7	8	9
10	11	12	13	14	15	16
17	18	19	20	21	22	23
24	25	26	27	28	29	30
31						

- 7 am
- 8 am
- 9 am
- 10 am
- 11 am
- 12 am
- 1 pm
- 2 pm
- 3 pm
- 4 pm
- 5 pm
- 6 pm
- 7 pm
- 8 pm
- 9 pm

notas

«No nos cansemos, pues, de hacer bien;
porque a su tiempo segaremos, si no desmayamos».

GÁLATAS 6:9, RVR60

MAYO
miércoles

MAYO 2026

L	M	M	J	V	S	D
				1	2	3
4	5	6	7	8	9	10
11	12	13	14	15	16	17
18	19	20	21	22	23	24
25	26	27	28	29	30	31

PRIORIDADES

- 7 am
- 8 am
- 9 am
- 10 am
- 11 am
- 12 am
- 1 pm
- 2 pm
- 3 pm
- 4 pm
- 5 pm
- 6 pm
- 7 pm
- 8 pm
- 9 pm

notas

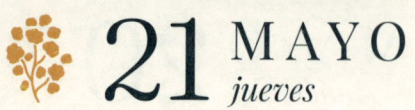

21 MAYO
jueves

> «El camino de Dios es perfecto palabra del Señor es intachable. Esc... es Dios a los que se refugian en...
>
> **SALMO 18:30,**

PRIORIDADES

MAYO 2026

D	L	M	M	J	V
					1
3	4	5	6	7	8
10	11	12	13	14	15
17	18	19	20	21	22
24	25	26	27	28	29
31					

- 7 am
- 8 am
- 9 am
- 10 am
- 11 am
- 12 am
- 1 pm
- 2 pm
- 3 pm
- 4 pm
- 5 pm
- 6 pm
- 7 pm
- 8 pm
- 9 pm

notas

«Quédense quietos, reconozcan que yo soy Dios. ¡Seré exaltado entre las naciones! ¡Seré enaltecido en la tierra!».

SALMO 46:10, NVI

MAYO 22
viernes

MAYO 2026

L	M	M	J	V	S
				1	2
4	5	6	7	8	9
11	12	13	14	15	16
18	19	20	21	**22**	23
25	26	27	28	29	30

PRIORIDADES

7 am
8 am
9 am
10 am
11 am
12 am
1 pm
2 pm
3 pm
4 pm
5 pm
6 pm
7 pm
8 pm
9 pm

notas

23 MAYO
sábado

«Porque nada hay imposi[ble] para Dios»

LUCAS 1:37, RVR[60]

PRIORIDADES

....
....
....
....

MAYO 2026

D	L	M	M	J	V	S
					1	2
3	4	5	6	7	8	9
10	11	12	13	14	15	16
17	18	19	20	21	22	23
24	25	26	27	28	29	30
31						

- 7 am
- 8 am
- 9 am
- 10 am
- 11 am
- 12 am
- 1 pm
- 2 pm
- 3 pm
- 4 pm
- 5 pm
- 6 pm
- 7 pm
- 8 pm
- 9 pm

notas

...usquen el reino de Dios por encima
 todo lo demás y lleven una vida justa,
 él les dará todo lo que necesiten».

...ATEO 6:33, NTV

MAYO 24
domingo

MAYO 2026

L	M	M	J	V	S
				1	2
4	5	6	7	8	9
11	12	13	14	15	16
18	19	20	21	22	23
25	26	27	28	29	30
1					

PRIORIDADES

....
....
....
....

- 7 am
- 8 am
- 9 am
- 10 am
- 11 am
- 12 am
- 1 pm
- 2 pm
- 3 pm
- 4 pm
- 5 pm
- 6 pm
- 7 pm
- 8 pm
- 9 pm

notas

25 MAYO
lunes

«Por tanto, reconoce que el Señor tu Dios es el único Dios, el Dios fiel, que cumple su pacto por mil generaciones y muestra su fiel amor a quienes lo aman y obedecen sus mandamientos».

DEUTERONOMIO 7:9

PRIORIDADES

MAYO 2026

D	L	M	M	J	V	S
					1	2
3	4	5	6	7	8	9
10	11	12	13	14	15	16
17	18	19	20	21	22	23
24	25	26	27	28	29	30
31						

- 7 am
- 8 am
- 9 am
- 10 am
- 11 am
- 12 am
- 1 pm
- 2 pm
- 3 pm
- 4 pm
- 5 pm
- 6 pm
- 7 pm
- 8 pm
- 9 pm

notas

«Tan compasivo es el Señor con
los que le temen como lo es
un padre con sus hijos».

SALMO 103:13, NVI

MAYO 26
martes

MAYO 2026

D	L	M	M	J	V	S
					1	2
3	4	5	6	7	8	9
10	11	12	13	14	15	16
17	18	19	20	21	22	23
24	25	26	27	28	29	30
31						

PRIORIDADES

- 7 am
- 8 am
- 9 am
- 10 am
- 11 am
- 12 am
- 1 pm
- 2 pm
- 3 pm
- 4 pm
- 5 pm
- 6 pm
- 7 pm
- 8 pm
- 9 pm

notas

27 MAYO
miércoles

«Porque el Señor da la sabidur[ía]
conocimiento e inteligencia brot[an]
de sus labio[s]»

PROVERBIOS 2:6,

PRIORIDADES

MAYO 2026

D	L	M	M	J	V	
					1	
3	4	5	6	7	8	
10	11	12	13	14	15	
17	18	19	20	21	22	
24	25	26	27	28	29	3
31						

- 7 am
- 8 am
- 9 am
- 10 am
- 11 am
- 12 am
- 1 pm
- 2 pm
- 3 pm
- 4 pm
- 5 pm
- 6 pm
- 7 pm
- 8 pm
- 9 pm

notas

«...las cosas que se escribieron antes, para nuestra enseñanza se escribieron, a fin de que por la paciencia y la consolación de las Escrituras, tengamos esperanza».

ROMANOS 15:4, RVR60

MAYO
jueves 28

MAYO 2026

L	M	M	J	V	S
				1	2
4	5	6	7	8	9
11	12	13	14	15	16
18	19	20	21	22	23
25	26	27	**28**	29	30

PRIORIDADES

- 7 am
- 8 am
- 9 am
- 10 am
- 11 am
- 12 am
- 1 pm
- 2 pm
- 3 pm
- 4 pm
- 5 pm
- 6 pm
- 7 pm
- 8 pm
- 9 pm

notas

29 MAYO
viernes

> «En Cristo también fuimos hechos herederos, pues fuimos predestinados según el plan de aquel que hace todas las cosas conforme al designio de su voluntad»
>
> **EFESIOS 1:11,**

PRIORIDADES

MAYO 2026

D	L	M	M	J	V	
					1	
3	4	5	6	7	8	
10	11	12	13	14	15	
17	18	19	20	21	22	
24	25	26	27	28	29	
31						

- 7 am
- 8 am
- 9 am
- 10 am
- 11 am
- 12 am
- 1 pm
- 2 pm
- 3 pm
- 4 pm
- 5 pm
- 6 pm
- 7 pm
- 8 pm
- 9 pm

notas

«...ios es tan rico en gracia y bondad
...e compró nuestra libertad con la sangre
...su Hijo y perdonó nuestros pecados».

EFESIOS 1:7, NTV

MAYO
sábado 30

MAYO 2026

L	M	M	J	V	S
				1	2
4	5	6	7	8	9
11	12	13	14	15	16
18	19	20	21	22	23
25	26	27	28	29	30

PRIORIDADES

- 7 am
- 8 am
- 9 am
- 10 am
- 11 am
- 12 am
- 1 pm
- 2 pm
- 3 pm
- 4 pm
- 5 pm
- 6 pm
- 7 pm
- 8 pm
- 9 pm

notas

31 MAYO
domingo

> «Joven fui, y he envejecido, y no he vi[sto]
> justo desamparado, ni su descenden[cia]
> que mendigue pa[n».]
>
> **SALMO 37:25**, RVR

PRIORIDADES

MAYO 2026

D	L	M	M	J	V	
					1	
3	4	5	6	7	8	
10	11	12	13	14	15	
17	18	19	20	21	22	
24	25	26	27	28	29	
31						

- 7 am
- 8 am
- 9 am
- 10 am
- 11 am
- 12 am
- 1 pm
- 2 pm
- 3 pm
- 4 pm
- 5 pm
- 6 pm
- 7 pm
- 8 pm
- 9 pm

notas

JUNIO

«Confía en el Señor con todo tu corazón;
no dependas de tu propio entendimiento.
Busca su voluntad en todo lo que hagas,
y él te mostrará cuál camino tomar».

PROVERBIOS 3:5-6, NTV

JUNIO 2026

DOMINGO	LUNES	MARTES	MIÉRCOLES
	1	2	3
7	8	9	10
14	15	16	17
21	22	23	24
28	29	30	

JUNIO
2026

JUEVES	VIERNES	SÁBADO
	5	6
11	12	13
18	19	20
25	26	27

notas

MAYO 2026

D	L	M	M	J	V	S
					1	2
3	4	5	6	7	8	9
10	11	12	13	14	15	16
17	18	19	20	21	22	23
24	25	26	27	28	29	30
31						

JULIO 2026

D	L	M	M	J	V	S
			1	2	3	4
5	6	7	8	9	10	11
12	13	14	15	16	17	18
19	20	21	22	23	24	25
26	27	28	29	30	31	

PLAN *mensual*

PRIORIDADES DEL MES

MOTIVOS DE ORACIÓN

PRESUPUESTO *mensual*

CUENTAS	FECHA	CANTIDAD	PAGO	BALANCE

«No te afanes acumulando riquezas».
PROVERBIOS 23:4, NVI

TOTAL

01 JUNIO
lunes

«Él apaga la sed del sediento
y sacia con lo mejor al hambriento»

SALMO 107:9

PRIORIDADES

JUNIO 2026

D	L	M	M	J	V
	1	2	3	4	5
7	8	9	10	11	12
14	15	16	17	18	19
21	22	23	24	25	26
28	29	30			

7 am
8 am
9 am
10 am
11 am
12 am
1 pm
2 pm
3 pm
4 pm
5 pm
6 pm
7 pm
8 pm
9 pm

notas

que es imposible para los hombres,
osible para Dios».

AS 18:27, RVR60

JUNIO
martes 02

JUNIO 2026

L	M	M	J	V	S
1	2	3	4	5	6
8	9	10	11	12	13
15	16	17	18	19	20
22	23	24	25	26	27
29	30				

PRIORIDADES

am
am
am
am
am
am
pm
pm
pm
pm
pm
pm
pm
pm
pm

notas

03 JUNIO
miércoles

«Entrégale tus cargas al Señor y él cuidará de ti; no permitirá que los justos tropiecen y caigan».

SALMO 55:22

PRIORIDADES

JUNIO 2026

D	L	M	M	J	V
	1	2	3	4	5
7	8	9	10	11	12
14	15	16	17	18	19
21	22	23	24	25	26
28	29	30			

7 am
8 am
9 am
10 am
11 am
12 am
1 pm
2 pm
3 pm
4 pm
5 pm
6 pm
7 pm
8 pm
9 pm

notas

*...ángel de Jehová acampa
...ededor de los que le temen,
...s defiende».*

SALMO 34:7, RVR60

JUNIO
jueves **04**

JUNIO 2026

L	M	M	J	V	S
1	2	3	4	5	6
8	9	10	11	12	13
15	16	17	18	19	20
22	23	24	25	26	27
29	30				

PRIORIDADES

- 7 am
- 8 am
- 9 am
- 10 am
- 11 am
- 12 am
- 1 pm
- 2 pm
- 3 pm
- 4 pm
- 5 pm
- 6 pm
- 7 pm
- 8 pm
- 9 pm

notas

05 JUNIO
viernes

«¿Quiénes son los que temen al Señ[or]
Él les mostrará el send[ero]
que deben elegi[r]».

SALMO 25:12,

PRIORIDADES

JUNIO 2026

D	L	M	M	J	V	
	1	2	3	4	5	
7	8	9	10	11	12	1
14	15	16	17	18	19	2
21	22	23	24	25	26	2
28	29	30				

7 am
8 am
9 am
10 am
11 am
12 am
1 pm
2 pm
3 pm
4 pm
5 pm
6 pm
7 pm
8 pm
9 pm

notas

«No se preocupen por nada; en cambio, oren por todo. Díganle a Dios lo que necesitan y denle gracias por todo lo que él ha hecho».

FILIPENSES 4:6, NTV

JUNIO 06
sábado

JUNIO 2026

L	M	M	J	V	S
1	2	3	4	5	6
8	9	10	11	12	13
15	16	17	18	19	20
22	23	24	25	26	27
29	30				

PRIORIDADES

7 am
8 am
9 am
10 am
11 am
12 am
1 pm
2 pm
3 pm
4 pm
5 pm
6 pm
7 pm
8 pm
9 pm

notas

07 JUNIO
domingo

«Si me buscan de todo corazó[n] podrán encontrar[me]

JEREMÍAS 29:13,

PRIORIDADES

....
....
....
....

JUNIO 2026

D	L	M	M	J	V	
	1	2	3	4	5	
7	8	9	10	11	12	
14	15	16	17	18	19	
21	22	23	24	25	26	
28	29	30				

- 7 am
- 8 am
- 9 am
- 10 am
- 11 am
- 12 am
- 1 pm
- 2 pm
- 3 pm
- 4 pm
- 5 pm
- 6 pm
- 7 pm
- 8 pm
- 9 pm

notas

«No prevalecerá ninguna arma que se forje contra ti; toda lengua que te acuse tú la refutarás. Esta es la herencia de los siervos del Señor».

ISAÍAS 54:17, NVI

JUNIO 08
lunes

JUNIO 2026

L	M	M	J	V	S
1	2	3	4	5	6
8	9	10	11	12	13
15	16	17	18	19	20
22	23	24	25	26	27
29	30				

PRIORIDADES

7 am
8 am
9 am
10 am
11 am
12 am
1 pm
2 pm
3 pm
4 pm
5 pm
6 pm
7 pm
8 pm
9 pm

notas

09 JUNIO
martes

> «Me ha dicho: Bástate mi gracia; porque mi poder se perfecciona en la debilidad. Por tanto, de buena gana me gloriaré más bien en mis debilidades, para que repose sobre mí el poder de Cristo».
>
> **2 CORINTIOS 12:9,** RVR

PRIORIDADES

....

....

....

....

JUNIO 2026

D	L	M	M	J	V	
	1	2	3	4	5	
7	8	9	10	11	12	
14	15	16	17	18	19	
21	22	23	24	25	26	
28	29	30				

- 7 am
- 8 am
- 9 am
- 10 am
- 11 am
- 12 am
- 1 pm
- 2 pm
- 3 pm
- 4 pm
- 5 pm
- 6 pm
- 7 pm
- 8 pm
- 9 pm

notas

*...orque ciertamente hay fin,
...u esperanza no será cortada».*

...OVERBIOS 23:18, RVR60

JUNIO
miércoles 10

JUNIO 2026

L	M	M	J	V	S
	1	2	3	4	5	6
	8	9	10	11	12	13
14	15	16	17	18	19	20
21	22	23	24	25	26	27
28	29	30

PRIORIDADES

- 7 am
- 8 am
- 9 am
- 10 am
- 11 am
- 12 am
- 1 pm
- 2 pm
- 3 pm
- 4 pm
- 5 pm
- 6 pm
- 7 pm
- 8 pm
- 9 pm

notas

11 JUNIO
jueves

«Por lo tanto, mis queridos hermanos, manténga[n]
firmes e inconmovibles, progresando siem[pre]
en la obra del Señor, conscientes de [que]
su trabajo en el Señor no es en van[o]».

1 CORINTIOS 15:58,

PRIORIDADES

JUNIO 2026

D	L	M	M	J	V
	1	2	3	4	5
7	8	9	10	11	12
14	15	16	17	18	19
21	22	23	24	25	26
28	29	30			

- 7 am
- 8 am
- 9 am
- 10 am
- 11 am
- 12 am
- 1 pm
- 2 pm
- 3 pm
- 4 pm
- 5 pm
- 6 pm
- 7 pm
- 8 pm
- 9 pm

notas

«Los que confían en Jehová son como el monte de Sion, que no se mueve, sino que permanece para siempre».
SALMO 125:1, RVR60

JUNIO 12
viernes

JUNIO 2026

L	M	M	J	V	S
1	2	3	4	5	6
8	9	10	11	12	13
15	16	17	18	19	20
22	23	24	25	26	27
29	30				

PRIORIDADES

7 am
8 am
9 am
10 am
11 am
12 am
1 pm
2 pm
3 pm
4 pm
5 pm
6 pm
7 pm
8 pm
9 pm

notas

13 JUNIO
sábado

> «Bendito sea el Dios y Padre de nues[tro] Señor Jesucristo, Padre de misericord[ias] y Dios de toda consolació[n]».
>
> **2 CORINTIOS 1:3,** RVR

PRIORIDADES

JUNIO 2026

D	L	M	M	J	V	S
	1	2	3	4	5	
7	8	9	10	11	12	
14	15	16	17	18	19	
21	22	23	24	25	26	
28	29	30				

- 7 am
- 8 am
- 9 am
- 10 am
- 11 am
- 12 am
- 1 pm
- 2 pm
- 3 pm
- 4 pm
- 5 pm
- 6 pm
- 7 pm
- 8 pm
- 9 pm

notas

*ios los salvó por su gracia cuando creyeron.
tedes no tienen ningún mérito en eso;
un regalo de Dios».*

ESIOS 2:8, NTV

JUNIO 14
domingo

JUNIO 2026

L	M	M	J	V	S
1	2	3	4	5	6
8	9	10	11	12	13
15	16	17	18	19	20
22	23	24	25	26	27
29	30				

PRIORIDADES

7 am
8 am
9 am
10 am
11 am
12 am
1 pm
2 pm
3 pm
4 pm
5 pm
6 pm
7 pm
8 pm
9 pm

notas

15 JUNIO
lunes

«Temer a los hombres resulta una tram[pa,] pero el que confía en el Se[ñor] sale bien librad[o».]

PROVERBIOS 29:25,

PRIORIDADES

JUNIO 2026

D	L	M	M	J	V	
	1	2	3	4	5	6
7	8	9	10	11	12	1[3]
14	15	16	17	18	19	2[0]
21	22	23	24	25	26	2[7]
28	29	30				

- 7 am
- 8 am
- 9 am
- 10 am
- 11 am
- 12 am
- 1 pm
- 2 pm
- 3 pm
- 4 pm
- 5 pm
- 6 pm
- 7 pm
- 8 pm
- 9 pm

notas

es aseguro que si tienen fe y no dudan [..],
solo harán lo que he hecho con la higuera,
lo que podrán decir a este monte:
"Quítate de ahí y tírate al mar", y así se hará».

MATEO 21:21, NVI

JUNIO
martes 16

JUNIO 2026

L	M	M	J	V	S	
1	2	3	4	5	6	
8	9	10	11	12	13	
15	16	17	18	19	20	
22	23	24	25	26	27	
29	30					

PRIORIDADES

....
....
....
....

7 am
8 am
9 am
10 am
11 am
12 am
1 pm
2 pm
3 pm
4 pm
5 pm
6 pm
7 pm
8 pm
9 pm

notas

17 JUNIO
miércoles

«Sean compasiv[os]
así como su Padre es compasiv[o]»

LUCAS 6:36,

PRIORIDADES

JUNIO 2026

D	L	M	M	J	V
	1	2	3	4	5
7	8	9	10	11	12
14	15	16	**17**	18	19
21	22	23	24	25	26
28	29	30			

- 7 am
- 8 am
- 9 am
- 10 am
- 11 am
- 12 am
- 1 pm
- 2 pm
- 3 pm
- 4 pm
- 5 pm
- 6 pm
- 7 pm
- 8 pm
- 9 pm

notas

«Manténganse alerta; permanezcan firmes en la fe; sean valientes y fuertes».

1 CORINTIOS 16:13, NVI

JUNIO
jueves 18

JUNIO 2026

L	M	M	J	V	S
1	2	3	4	5	6
8	9	10	11	12	13
15	16	17	18	19	20
22	23	24	25	26	27
29	30				

PRIORIDADES

7 am
8 am
9 am
10 am
11 am
12 am
1 pm
2 pm
3 pm
4 pm
5 pm
6 pm
7 pm
8 pm
9 pm

notas

19 JUNIO
viernes

«Alabad a Jehová, porque él es bueno, porque para siempre es su misericordia».

SALMO 136:1, RVR

PRIORIDADES

JUNIO 2026

D	L	M	M	J	V	S
	1	2	3	4	5	6
7	8	9	10	11	12	13
14	15	16	17	18	19	20
21	22	23	24	25	26	27
28	29	30				

7 am
8 am
9 am
10 am
11 am
12 am
1 pm
2 pm
3 pm
4 pm
5 pm
6 pm
7 pm
8 pm
9 pm

notas

o estoy contigo. Te protegeré por dondequiera
e vayas y te traeré de vuelta a esta tierra.
 te abandonaré hasta cumplir con todo lo
e te he prometido».

NESIS 28:15, NVI

JUNIO
sábado 20

JUNIO 2026

L	M	M	J	V	S
1	2	3	4	5	6
8	9	10	11	12	13
	15	16	17	18	19	20
	22	23	24	25	26	27
	29	30

PRIORIDADES

....
....
....
....

7 am
8 am
9 am
10 am
11 am
12 am
1 pm
2 pm
3 pm
4 pm
5 pm
6 pm
7 pm
8 pm
9 pm

notas

21 JUNIO
domingo

> «El fruto del justo es árbol de vida, y el que gana almas es sabio».
> **PROVERBIOS 11:30**, RVR

PRIORIDADES

JUNIO 2026

D	L	M	M	J	V	S
	1	2	3	4	5	6
7	8	9	10	11	12	13
14	15	16	17	18	19	20
21	22	23	24	25	26	27
28	29	30				

- 7 am
- 8 am
- 9 am
- 10 am
- 11 am
- 12 am
- 1 pm
- 2 pm
- 3 pm
- 4 pm
- 5 pm
- 6 pm
- 7 pm
- 8 pm
- 9 pm

notas

«Cuán preciosa, oh Dios, es tu misericordia! Por eso los hijos de los hombres se amparan bajo la sombra de tus alas».

SALMO 36:7, RVR60

JUNIO
lunes 22

JUNIO 2026

D	L	M	M	J	V	S
	1	2	3	4	5	6
7	8	9	10	11	12	13
14	15	16	17	18	19	20
21	**22**	23	24	25	26	27
28	29	30				

PRIORIDADES

....
....
....
....

7 am ☐
8 am ☐
9 am ☐
10 am ☐
11 am ☐
12 am ☐
1 pm ☐
2 pm ☐
3 pm ☐
4 pm ☐
5 pm ☐
6 pm ☐
7 pm ☐
8 pm ☐
9 pm ☐

notas

23 JUNIO
martes

«Guárdame, oh D[ios],
porque en ti he confiad[o]».

SALMO 16:1, RVR

PRIORIDADES

JUNIO 2026

D	L	M	M	J	V	S
	1	2	3	4	5	6
7	8	9	10	11	12	13
14	15	16	17	18	19	20
21	22	**23**	24	25	26	27
28	29	30				

- 7 am
- 8 am
- 9 am
- 10 am
- 11 am
- 12 am
- 1 pm
- 2 pm
- 3 pm
- 4 pm
- 5 pm
- 6 pm
- 7 pm
- 8 pm
- 9 pm

notas

«...antengamos firme la esperanza ...e profesamos, porque fiel es el que ...o la promesa».

...BREOS 10:23, NVI

JUNIO
miércoles 24

JUNIO 2026

L	M	M	J	V	S
	1	2	3	4	5	6
8	9	10	11	12	13
15	16	17	18	19	20
22	23	24	25	26	27
29	30

PRIORIDADES

7 am
8 am
9 am
10 am
11 am
12 am
1 pm
2 pm
3 pm
4 pm
5 pm
6 pm
7 pm
8 pm
9 pm

notas

25 JUNIO
jueves

> «En esto conocemos lo que es el amor, en que Jesucristo entregó su vida por nosotros».
>
> **1 JUAN 3:16,**

PRIORIDADES

JUNIO 2026

D	L	M	M	J	V	S
	1	2	3	4	5	6
7	8	9	10	11	12	13
14	15	16	17	18	19	20
21	22	23	24	25	26	27
28	29	30

- 7 am
- 8 am
- 9 am
- 10 am
- 11 am
- 12 am
- 1 pm
- 2 pm
- 3 pm
- 4 pm
- 5 pm
- 6 pm
- 7 pm
- 8 pm
- 9 pm

notas

anténganse libres del amor al dinero
onténtense con lo que tienen, porque
os ha dicho: "Nunca los dejaré; jamás
abandonaré"».

BREOS 13:5, NVI

JUNIO
viernes

JUNIO 2026

L	M	M	J	V	S
1	2	3	4	5	6
8	9	10	11	12	13
15	16	17	18	19	20
22	23	24	25	26	27
29	30				

PRIORIDADES

7 am
8 am
9 am
10 am
11 am
12 am
1 pm
2 pm
3 pm
4 pm
5 pm
6 pm
7 pm
8 pm
9 pm

notas

27 JUNIO
sábado

> «Jesús le dijo: Si puedes cre[er],
> al que cree todo le es posib[le]».
> **MARCOS 9:23**, RVR

PRIORIDADES

....
....
....
....

JUNIO 2026

D	L	M	M	J	V	S
	1	2	3	4	5	
7	8	9	10	11	12	
14	15	16	17	18	19	
21	22	23	24	25	26	
28	29	30				

- 7 am
- 8 am
- 9 am
- 10 am
- 11 am
- 12 am
- 1 pm
- 2 pm
- 3 pm
- 4 pm
- 5 pm
- 6 pm
- 7 pm
- 8 pm
- 9 pm

notas

r eso me regocijo en debilidades, insultos,
vaciones, persecuciones y dificultades
 sufro por Cristo; porque, cuando
 débil, entonces soy fuerte».

ORINTIOS 12:10, NVI

JUNIO
domingo 28

JUNIO 2026

L	M	M	J	V	S	
1	2	3	4	5	6	
8	9	10	11	12	13	
15	16	17	18	19	20	
22	23	24	25	26	27	
	29	30				

PRIORIDADES

7 am
8 am
9 am
10 am
11 am
12 am
1 pm
2 pm
3 pm
4 pm
5 pm
6 pm
7 pm
8 pm
9 pm

notas

29 JUNIO
lunes

> «Pero que pida con fe, sin dud[ar], porque quien duda es como las olas del m[ar], agitadas y llevadas de un l[ado] a otro por el vient[o]».
>
> **SANTIAGO 1:6**

PRIORIDADES

JUNIO 2026

D	L	M	M	J	V
	1	2	3	4	5
7	8	9	10	11	12
14	15	16	17	18	19
21	22	23	24	25	26
28	29	30			

- 7 am
- 8 am
- 9 am
- 10 am
- 11 am
- 12 am
- 1 pm
- 2 pm
- 3 pm
- 4 pm
- 5 pm
- 6 pm
- 7 pm
- 8 pm
- 9 pm

notas

«La paz les dejo; mi paz les doy. Yo no se la doy a ustedes como la da el mundo. No se angustien ni se acobarden».

JUAN 14:27, NVI

JUNIO 30
martes

JUNIO 2026

L	M	M	J	V	S
1	2	3	4	5	6
8	9	10	11	12	13
15	16	17	18	19	20
22	23	24	25	26	27
29	30				

PRIORIDADES

- 7 am
- 8 am
- 9 am
- 10 am
- 11 am
- 12 am
- 1 pm
- 2 pm
- 3 pm
- 4 pm
- 5 pm
- 6 pm
- 7 pm
- 8 pm
- 9 pm

notas

JULIO

«¡Levántate y resplandece que tu luz ha llegado!
¡La gloria del Señor brilla sobre ti!».

ISAÍAS 60:1, NVI

JULIO 2026

DOMINGO	LUNES	MARTES	MIÉRCOLES
			1
5	6	7	8
12	13	14	15
19	20	21	22
26	27	28	29

JULIO 2026

JUEVES	VIERNES	SÁBADO
	3	4
	10	11
	17	18
23	24	25
30	31	

notas

JUNIO 2026

D	L	M	M	J	V	S
	1	2	3	4	5	6
7	8	9	10	11	12	13
14	15	16	17	18	19	20
21	22	23	24	25	26	27
28	29	30				

AGOSTO 2026

D	L	M	M	J	V	S
						1
2	3	4	5	6	7	8
9	10	11	12	13	14	15
16	17	18	19	20	21	22
23	24	25	26	27	28	29
30	31					

PLAN *mensual*

PRIORIDADES DEL MES

MOTIVOS DE ORACIÓN

PRESUPUESTO *mensual*

CUENTAS	FECHA	CANTIDAD	PAGO	BALANCE

«Mi Dios les proveerá de todo lo que necesiten».
FILIPENSES 4:19, NVI

TOTAL

01 JULIO
miércoles

«Dios no es un hombre; por lo tanto, no miente. Él no es humano; por lo tanto, no cambia de parecer. ¿Acaso alguna vez habló sin actuar? ¿Alguna vez prometió sin cumplir?»

NÚMEROS 23:19,

PRIORIDADES

JULIO 2026

D	L	M	M	J	V	S
			1	2	3	4
5	6	7	8	9	10	11
12	13	14	15	16	17	18
19	20	21	22	23	24	25
26	27	28	29	30	31	

- 7 am
- 8 am
- 9 am
- 10 am
- 11 am
- 12 am
- 1 pm
- 2 pm
- 3 pm
- 4 pm
- 5 pm
- 6 pm
- 7 pm
- 8 pm
- 9 pm

notas

«Les hablo así, hermanos, porque ustedes han sido llamados a ser libres; pero no se valgan de esa libertad para dar rienda suelta a sus pasiones. Más bien sírvanse unos a otros con amor».

GÁLATAS 5:13, NVI

JULIO 02
jueves

JULIO 2026

D	L	M	M	J	V	S
			1	2	3	4
5	6	7	8	9	10	11
12	13	14	15	16	17	18
19	20	21	22	23	24	25
26	27	28	29	30	31	

PRIORIDADES

7 am
8 am
9 am
10 am
11 am
12 am
1 pm
2 pm
3 pm
4 pm
5 pm
6 pm
7 pm
8 pm
9 pm

notas

03 JULIO
viernes

«Tú eres mi refugio; tú me protegerás del peli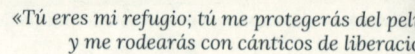
y me rodearás con cánticos de liberació

SALMO 32:7

PRIORIDADES

JULIO 2026

D	L	M	M	J	V
			1	2	3
5	6	7	8	9	10
12	13	14	15	16	17
19	20	21	22	23	24
26	27	28	29	30	31

7 am
8 am
9 am
10 am
11 am
12 am
1 pm
2 pm
3 pm
4 pm
5 pm
6 pm
7 pm
8 pm
9 pm

notas

«inguna condenación hay para los que están en [Cri]sto Jesús, los que no andan conforme a la carne, [sin]o conforme al Espíritu».

ROMANOS 8:1, RVR60

JULIO
sábado 04

JULIO 2026

L	M	M	J	V	S	
		1	2	3	4	
6	7	8	9	10	11	
13	14	15	16	17	18	
20	21	22	23	24	25	
27	28	29	30	31		

PRIORIDADES

7 am
8 am
9 am
10 am
11 am
12 am
1 pm
2 pm
3 pm
4 pm
5 pm
6 pm
7 pm
8 pm
9 pm

notas

05 JULIO
domingo

> «¡Dichosa tú que has creí(do)
> porque lo que el Señor te ha dic(ho)
> se cumplirá(...)»
>
> **LUCAS 1:45,**

PRIORIDADES

....
....
....
....

JULIO 2026

D	L	M	M	J	V	S
			1	2	3	4
5	6	7	8	9	10	1
12	13	14	15	16	17	18
19	20	21	22	23	24	2
26	27	28	29	30	31	

- 7 am
- 8 am
- 9 am
- 10 am
- 11 am
- 12 am
- 1 pm
- 2 pm
- 3 pm
- 4 pm
- 5 pm
- 6 pm
- 7 pm
- 8 pm
- 9 pm

notas

«Cuán grande es tu bondad!
La reservas para los que te temen,
a la vista de la gente la derramas
sobre los que en ti se refugian».

SALMO 31:19, NVI

JULIO
lunes 06

JULIO 2026

D	L	M	M	J	V	S
			1	2	3	4
5	6	7	8	9	10	11
12	13	14	15	16	17	18
19	20	21	22	23	24	25
26	27	28	29	30	31	

PRIORIDADES

- 7 am
- 8 am
- 9 am
- 10 am
- 11 am
- 12 am
- 1 pm
- 2 pm
- 3 pm
- 4 pm
- 5 pm
- 6 pm
- 7 pm
- 8 pm
- 9 pm

notas

07 JULIO
martes

«Practicar la justicia y el derecho lo prefiere el Señor a los sacrificios»

PROVERBIOS 21:3,

PRIORIDADES

JULIO 2026

D	L	M	M	J	V	S
			1	2	3	
5	6	7	8	9	10	
12	13	14	15	16	17	
19	20	21	22	23	24	
26	27	28	29	30	31	

- 7 am
- 8 am
- 9 am
- 10 am
- 11 am
- 12 am
- 1 pm
- 2 pm
- 3 pm
- 4 pm
- 5 pm
- 6 pm
- 7 pm
- 8 pm
- 9 pm

notas

«Esta es la confianza que delante de Dios tenemos por medio de Cristo. No es que nos consideremos competentes en nosotros mismos. Nuestra capacidad viene de Dios».

2 CORINTIOS 3:4-5, NVI

JULIO
miércoles 08

JULIO 2026

L	M	M	J	V	S	D
		1	2	3	4	
6	7	8	9	10	11	
13	14	15	16	17	18	
20	21	22	23	24	25	
27	28	29	30	31		

PRIORIDADES

- 7 am
- 8 am
- 9 am
- 10 am
- 11 am
- 12 am
- 1 pm
- 2 pm
- 3 pm
- 4 pm
- 5 pm
- 6 pm
- 7 pm
- 8 pm
- 9 pm

notas

09 JULIO
jueves

> «Que abandone el malvado su camin[o]
> el perverso sus pensamientos. Que se vue[lva]
> al Señor, a nuestro Dios, que es generoso p[ara]
> perdonar y de él recibirá compasió[n]».
>
> **ISAÍAS 55:7**

PRIORIDADES

JULIO 2026

D	L	M	M	J	V
			1	2	3
5	6	7	8	9	10
12	13	14	15	16	17
19	20	21	22	23	24
26	27	28	29	30	31

7 am
8 am
9 am
10 am
11 am
12 am
1 pm
2 pm
3 pm
4 pm
5 pm
6 pm
7 pm
8 pm
9 pm

notas

«antes de formarte en el vientre,
te había elegido; antes de que nacieras,
te había apartado; te había nombrado
profeta para las naciones».

JEREMÍAS 1:5, NVI

JULIO
viernes 10

JULIO 2026

L	M	M	J	V	S
		1	2	3	4
6	7	8	9	10	11
13	14	15	16	17	18
20	21	22	23	24	25
27	28	29	30	31	

PRIORIDADES

....
....
....
....
....

- 7 am
- 8 am
- 9 am
- 10 am
- 11 am
- 12 am
- 1 pm
- 2 pm
- 3 pm
- 4 pm
- 5 pm
- 6 pm
- 7 pm
- 8 pm
- 9 pm

notas

11 JULIO
sábado

«Porque en el evangelio la justicia de D
se revela por fe y para fe, como está escr
Mas el justo por la fe vivir

ROMANOS 1:17, RVR

PRIORIDADES

JULIO 2026

D	L	M	M	J	V
			1	2	3
5	6	7	8	9	10
12	13	14	15	16	17
19	20	21	22	23	24
26	27	28	29	30	31

7 am
8 am
9 am
10 am
11 am
12 am
1 pm
2 pm
3 pm
4 pm
5 pm
6 pm
7 pm
8 pm
9 pm

notas

ermanos míos, que vuestra fe
nuestro glorioso Señor Jesucristo
sin acepción de personas».

NTIAGO 2:1, RVR60

JULIO
domingo **12**

JULIO 2026

L	M	M	J	V	S
		1	2	3	4
6	7	8	9	10	11
13	14	15	16	17	18
20	21	22	23	24	25
27	28	29	30	31	

PRIORIDADES

- 7 am
- 8 am
- 9 am
- 10 am
- 11 am
- 12 am
- 1 pm
- 2 pm
- 3 pm
- 4 pm
- 5 pm
- 6 pm
- 7 pm
- 8 pm
- 9 pm

notas

13 JULIO
lunes

«Mas vosotros sois linaje escogido, real sacerdo[cio], nación santa, pueblo adquirido por Dios, para [que] anunciéis las virtudes de aquel que os llamó de [las] tinieblas a su luz admirab[le]».

1 PEDRO 2:9, RV[R]

PRIORIDADES

JULIO 2026

D	L	M	M	J	V
			1	2	3
5	6	7	8	9	10
12	13	14	15	16	17
19	20	21	22	23	24
26	27	28	29	30	31

- 7 am
- 8 am
- 9 am
- 10 am
- 11 am
- 12 am
- 1 pm
- 2 pm
- 3 pm
- 4 pm
- 5 pm
- 6 pm
- 7 pm
- 8 pm
- 9 pm

notas

*Señor y Dios es mi fuerza; da a mis pies
.gereza de una gacela y me hace caminar
las alturas».*

BACUC 3:19, NVI

JULIO
martes 14

JULIO 2026

L	M	M	J	V	S
		1	2	3	4
6	7	8	9	10	11
13	14	15	16	17	18
20	21	22	23	24	25
27	28	29	30	31	

PRIORIDADES

....
....
....
....

am
am
am
am
am
am
pm
pm
pm
pm
pm
pm
pm
pm
pm

notas

15 JULIO
miércoles

«Porque yo conozco los planes que tengo para uste[des] —afirma el Señor—, planes de bienestar y [no] de calamidad, a fin de darles un fut[uro] y una esperanz[a]».

JEREMÍAS 29:11,

PRIORIDADES

JULIO 2026

D	L	M	M	J	V	
			1	2	3	
5	6	7	8	9	10	
12	13	14	15	16	17	1
19	20	21	22	23	24	2
26	27	28	29	30	31	

7 am
8 am
9 am
10 am
11 am
12 am
1 pm
2 pm
3 pm
4 pm
5 pm
6 pm
7 pm
8 pm
9 pm

notas

...elen y oren para que no cedan ante ...tentación, porque el espíritu está dispuesto, ...ro el cuerpo es débil».

...ATEO 26:41, NTV

JULIO
jueves **16**

JULIO 2026

L	M	M	J	V	S
		1	2	3	4
6	7	8	9	10	11
13	14	15	**16**	17	18
20	21	22	23	24	25
27	28	29	30	31	

PRIORIDADES

7 am
8 am
9 am
10 am
11 am
12 am
1 pm
2 pm
3 pm
4 pm
5 pm
6 pm
7 pm
8 pm
9 pm

notas

17 JULIO
viernes

«Pues si ustedes, aun siendo malos, saben dar cosas buenas a sus hijos, ¡cuánto más su Padre que está en los cielos dará cosas buenas a los que le pidan

MATEO 7:11,

PRIORIDADES

JULIO 2026

D	L	M	M	J	V	S
			1	2	3	4
5	6	7	8	9	10	11
12	13	14	15	16	17	18
19	20	21	22	23	24	25
26	27	28	29	30	31	

7 am
8 am
9 am
10 am
11 am
12 am
1 pm
2 pm
3 pm
4 pm
5 pm
6 pm
7 pm
8 pm
9 pm

notas

«Tan grande es su amor por los que le temen como alto es el cielo sobre la tierra».

SALMO 103:11, NVI

JULIO 18
sábado

JULIO 2026

D	L	M	M	J	V	S
			1	2	3	4
5	6	7	8	9	10	11
12	13	14	15	16	17	18
19	20	21	22	23	24	25
26	27	28	29	30	31	

PRIORIDADES

7 am
8 am
9 am
10 am
11 am
12 am
1 pm
2 pm
3 pm
4 pm
5 pm
6 pm
7 pm
8 pm
9 pm

notas

19 JULIO
domingo

«Fíjense en las aves del cielo: no siembran
cosechan, ni almacenan en graner
sin embargo, el Padre celestial las alimen
¿No valen ustedes mucho más que ellas

MATEO 6:26,

PRIORIDADES

JULIO 2026

D	L	M	M	J	V	
			1	2	3	
5	6	7	8	9	10	
12	13	14	15	16	17	
19	20	21	22	23	24	2
26	27	28	29	30	31	

7 am
8 am
9 am
10 am
11 am
12 am
1 pm
2 pm
3 pm
4 pm
5 pm
6 pm
7 pm
8 pm
9 pm

notas

«Mi Dios, pues, suplirá todo lo que os falta conforme a sus riquezas en gloria en Cristo Jesús».

FILIPENSES 4:19, RVR60

JULIO
lunes 20

JULIO 2026

L	M	M	J	V	S
		1	2	3	4
6	7	8	9	10	11
13	14	15	16	17	18
20	**21**	**22**	**23**	**24**	**25**
27	28	29	30	31	

PRIORIDADES

....
....
....
....

7 am
8 am
9 am
10 am
11 am
12 am
1 pm
2 pm
3 pm
4 pm
5 pm
6 pm
7 pm
8 pm
9 pm

notas

21 JULIO
martes

«Y todo lo que hagáis, hacedlo de corazón, como para el Señor y no para los hombres, sabiendo que del Señor recibiréis la recompensa de la herencia, porque a Cristo el Señor servís».

COLOSENSES 3:23-24, RVR

PRIORIDADES

JULIO 2026

D	L	M	M	J	V	S
			1	2	3	4
5	6	7	8	9	10	11
12	13	14	15	16	17	18
19	20	**21**	22	23	24	25
26	27	28	29	30	31	

- 7 am
- 8 am
- 9 am
- 10 am
- 11 am
- 12 am
- 1 pm
- 2 pm
- 3 pm
- 4 pm
- 5 pm
- 6 pm
- 7 pm
- 8 pm
- 9 pm

notas

«Él nos rescató del reino de la oscuridad
y nos trasladó al reino de su Hijo amado,
quien compró nuestra libertad y perdonó
nuestros pecados».

COLOSENSES 1:13-14, NTV

JULIO
miércoles

JULIO 2026

L	M	M	J	V	S
		1	2	3	4
6	7	8	9	10	11
13	14	15	16	17	18
20	21	22	23	24	25
27	28	29	30	31	

PRIORIDADES

....

....

....

....

7 am
8 am
9 am
10 am
11 am
12 am
1 pm
2 pm
3 pm
4 pm
5 pm
6 pm
7 pm
8 pm
9 pm

notas

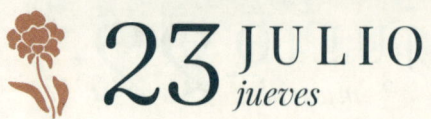

23 JULIO
jueves

> «Luego de que ustedes hayan sufrido un poco tiempo, Dios mismo, el Dios de toda gracia, los llamó a su gloria eterna en Cristo, los restaurará y los hará fuertes, firmes y establecerá.

1 PEDRO 5:10,

PRIORIDADES

JULIO 2026

D	L	M	M	J	V
			1	2	3
5	6	7	8	9	10
12	13	14	15	16	17
19	20	21	22	23	24
26	27	28	29	30	31

- 7 am
- 8 am
- 9 am
- 10 am
- 11 am
- 12 am
- 1 pm
- 2 pm
- 3 pm
- 4 pm
- 5 pm
- 6 pm
- 7 pm
- 8 pm
- 9 pm

notas

JULIO 24
viernes

...que con alegría saldréis, y con paz seréis vueltos; ...montes y los collados levantarán canción delante ...osotros, y todos los árboles del campo darán ...madas de aplauso».

...AS 55:12, RVR60

JULIO 2026

L	M	M	J	V	S
		1	2	3	4
6	7	8	9	10	11
13	14	15	16	17	18
20	21	22	23	24	25
27	28	29	30	31	

PRIORIDADES

- am
- am
- am
- am
- am
- am
- pm
- pm
- pm
- pm
- pm
- pm
- pm
- pm
- pm

notas

25 JULIO
sábado

«Porque los montes se moverán, y los colle
temblarán, pero no se apartará de ti mi misericor
ni el pacto de mi paz se quebrantará, dijo Jehov
que tiene misericordia de

ISAÍAS 54:10, RV

PRIORIDADES

....

....

....

....

JULIO 2026

D	L	M	M	J	V
			1	2	3
5	6	7	8	9	10
12	13	14	15	16	17
19	20	21	22	23	24
26	27	28	29	30	31

---

7 am
8 am
9 am
10 am
11 am
12 am
1 pm
2 pm
3 pm
4 pm
5 pm
6 pm
7 pm
8 pm
9 pm

notas

«n gracias al Señor, porque él es bueno!
iel amor perdura para siempre».

MO 107:1, NTV

JULIO
domingo

JULIO 2026

L	M	M	J	V	S
		1	2	3	4
6	7	8	9	10	11
13	14	15	16	17	18
20	21	22	23	24	25
27	28	29	30	31	

PRIORIDADES

am
am
am
am
am
am
pm
pm
pm
pm
pm
pm
pm
pm
pm

notas

27 JULIO
lunes

«Si me aman, obedez
mis mandamient

JUAN 14:15

PRIORIDADES

....
....
....

JULIO 2026

D	L	M	M	J	V
			1	2	3
5	6	7	8	9	10
12	13	14	15	16	17
19	20	21	22	23	24
26	27	28	29	30	31

- 7 am
- 8 am
- 9 am
- 10 am
- 11 am
- 12 am
- 1 pm
- 2 pm
- 3 pm
- 4 pm
- 5 pm
- 6 pm
- 7 pm
- 8 pm
- 9 pm

notas

s leoncillos se debilitan y tienen hambre,
o a los que buscan al Señor nada les falta».

MO 34:10, NVI

JULIO
martes 28

JULIO 2026

L	M	M	J	V	S
		1	2	3	4
6	7	8	9	10	11
13	14	15	16	17	18
20	21	22	23	24	25
27	28	29	30	31	

PRIORIDADES

am
am
am
am
am
am
pm
pm
pm
pm
pm
pm
pm
pm
pm

notas

29 JULIO
miércoles

«Este día ha sido consagrado a nuestro Se[ñor]. No estén tristes, pues el gozo del S[eñor] es su fortale[za]».

NEHEMÍAS 8:1[0]

PRIORIDADES

JULIO 2026

D	L	M	M	J	V
			1	2	3
5	6	7	8	9	10
12	13	14	15	16	17
19	20	21	22	23	24
26	27	28	29	30	31

- 7 am
- 8 am
- 9 am
- 10 am
- 11 am
- 12 am
- 1 pm
- 2 pm
- 3 pm
- 4 pm
- 5 pm
- 6 pm
- 7 pm
- 8 pm
- 9 pm

notas

«...que de tal manera amó Dios al mundo, que ha dado a su Hijo unigénito, para que todo aquel que en él cree, no se pierda, mas tenga vida eterna».

JUAN 3:16, RVR60

JULIO
jueves 30

JULIO 2026

L	M	M	J	V	S
		1	2	3	4
6	7	8	9	10	11
13	14	15	16	17	18
20	21	22	23	24	25
27	28	29	30	31	

PRIORIDADES

am
am
am
am
am
am
pm
pm
pm
pm
pm
pm
pm
pm
pm

notas

31 JULIO
viernes

> «¡El fiel amor del Señor nunca se ac[aba]!
> Sus misericordias jamás terminan. Grand[e es]
> su fidelidad; sus misericordias son nue[vas]
> cada mañan[a]».
>
> **LAMENTACIONES 3:22-23**

PRIORIDADES

....
....
....
....

JULIO 2026

D	L	M	M	J	V
			1	2	3
5	6	7	8	9	10
12	13	14	15	16	17
19	20	21	22	23	24
26	27	28	29	30	31

- 7 am
- 8 am
- 9 am
- 10 am
- 11 am
- 12 am
- 1 pm
- 2 pm
- 3 pm
- 4 pm
- 5 pm
- 6 pm
- 7 pm
- 8 pm
- 9 pm

notas

AGOSTO

«La mujer sabia edifica su casa;
mas la necia con sus manos la derriba».

PROVERBIOS 14:1, RVR60

AGOSTO
2026

DOMINGO	LUNES	MARTES	MIÉRCOLES
2	3	4	5
9	10	11	12
16	17	18	19
23	24	25	26
30	31		

AGOSTO
2026

JUEVES	VIERNES	SÁBADO
		1
6	7	8
13	14	15
20	21	22
27	28	29

notas

JULIO 2026

D	L	M	M	J	V	S
			1	2	3	4
5	6	7	8	9	10	11
12	13	14	15	16	17	18
19	20	21	22	23	24	25
26	27	28	29	30	31	

SEPTIEMBRE 2026

D	L	M	M	J	V	S
		1	2	3	4	5
6	7	8	9	10	11	12
13	14	15	16	17	18	19
20	21	22	23	24	25	26
27	28	29	30			

PLAN *mensual*

PRIORIDADES DEL MES

MOTIVOS DE ORACIÓN

PRESUPUESTO *mensual*

CUENTAS	FECHA	CANTIDAD	PAGO	BALANCE

«Paguen a cada uno lo que corresponda».
ROMANOS 13:7, NVI

TOTAL

01 AGOSTO
sábado

> «Yo te he amado, pueblo m[ío,]
> con un amor eterno. Con am[or]
> inagotable te acerqué a m[í».]
>
> **JEREMÍAS 31:3,**

PRIORIDADES

AGOSTO 2026

D	L	M	M	J	V	S
						1
2	3	4	5	6	7	8
9	10	11	12	13	14	15
16	17	18	19	20	21	22
23	24	25	26	27	28	29
30	31					

- 7 am
- 8 am
- 9 am
- 10 am
- 11 am
- 12 am
- 1 pm
- 2 pm
- 3 pm
- 4 pm
- 5 pm
- 6 pm
- 7 pm
- 8 pm
- 9 pm

notas

«El Señor fortalece a su pueblo;
el Señor bendice a su pueblo con la paz».
LMO 29:11, NVI

AGOSTO
domingo 02

AGOSTO 2026

L	M	M	J	V	S
					1
3	4	5	6	7	8
10	11	12	13	14	15
17	18	19	20	21	22
24	25	26	27	28	29
31					

PRIORIDADES

7 am
8 am
9 am
10 am
11 am
12 am
1 pm
2 pm
3 pm
4 pm
5 pm
6 pm
7 pm
8 pm
9 pm

notas

03 AGOSTO
lunes

> «Diré yo a Jehová: Esperanza m[ía]
> y castillo mío; mi Dios, en quien confiar[é]»
>
> **SALMO 91:2**, RVR

PRIORIDADES

AGOSTO 2026

D	L	M	M	J	V
2	3	4	5	6	7
9	10	11	12	13	14
16	17	18	19	20	21
23	24	25	26	27	28
30	31				

- 7 am
- 8 am
- 9 am
- 10 am
- 11 am
- 12 am
- 1 pm
- 2 pm
- 3 pm
- 4 pm
- 5 pm
- 6 pm
- 7 pm
- 8 pm
- 9 pm

notas

...que tarda en airarse es grande entendimiento; más el que es paciente de espíritu enaltece la necedad».

PROVERBIOS 14:29, RVR60

AGOSTO 04
martes

AGOSTO 2026

L	M	M	J	V	S
					1
3	4	5	6	7	8
10	11	12	13	14	15
17	18	19	20	21	22
24	25	26	27	28	29
31					

PRIORIDADES

- 7 am
- 8 am
- 9 am
- 10 am
- 11 am
- 12 am
- 1 pm
- 2 pm
- 3 pm
- 4 pm
- 5 pm
- 6 pm
- 7 pm
- 8 pm
- 9 pm

notas

05 AGOSTO
miércoles

«Así como la tierra hace que broten los reto
y el huerto hace que germinen las semil
así el Señor y Dios hará que broten la justi
y la alabanza ante todas las nacion

ISAÍAS 61:11

PRIORIDADES

AGOSTO 2026

D	L	M	M	J	V
2	3	4	5	6	7
9	10	11	12	13	14
16	17	18	19	20	21
23	24	25	26	27	28
30	31				

- 7 am
- 8 am
- 9 am
- 10 am
- 11 am
- 12 am
- 1 pm
- 2 pm
- 3 pm
- 4 pm
- 5 pm
- 6 pm
- 7 pm
- 8 pm
- 9 pm

notas

¿Qué Dios hay como tú, que perdone la maldad
y pase por alto el delito del remanente de su
heredad? No estarás airado para siempre, porque
tu mayor placer es amar».

MIQUEAS 7:18, NVI

AGOSTO
jueves
06

AGOSTO 2026

L	M	M	J	V	S
					1
3	4	5	6	7	8
10	11	12	13	14	15
17	18	19	20	21	22
24	25	26	27	28	29
31					

PRIORIDADES

7 am
8 am
9 am
10 am
11 am
12 am
1 pm
2 pm
3 pm
4 pm
5 pm
6 pm
7 pm
8 pm
9 pm

notas

07 AGOSTO
viernes

> «Dios es quien produce en uste(d)
> tanto el querer como el ha(cer)
> para que se cumpla su buena volunta(d)»
>
> **FILIPENSES 2:13,**

PRIORIDADES

....
....
....
....

AGOSTO 2026

D	L	M	M	J	V
2	3	4	5	6	7
9	10	11	12	13	14
16	17	18	19	20	21
23	24	25	26	27	28
30	31				

- 7 am
- 8 am
- 9 am
- 10 am
- 11 am
- 12 am
- 1 pm
- 2 pm
- 3 pm
- 4 pm
- 5 pm
- 6 pm
- 7 pm
- 8 pm
- 9 pm

notas

*l sentir que se me iba la vida,
   acordé del Señor, y mi oración
   ó hasta ti, hasta tu santo Templo».*

NÁS 2:7, NVI

AGOSTO 08
sábado

AGOSTO 2026

L	M	M	J	V	S
					1
3	4	5	6	7	8
10	11	12	13	14	15
17	18	19	20	21	22
24	25	26	27	28	29
31					

PRIORIDADES

- 7 am
- 8 am
- 9 am
- 10 am
- 11 am
- 12 am
- 1 pm
- 2 pm
- 3 pm
- 4 pm
- 5 pm
- 6 pm
- 7 pm
- 8 pm
- 9 pm

notas

09 AGOSTO
domingo

> «Todas las promesas que ha hecho D[ios] son "sí" en Cristo. Así que por medi[o de] Cristo respondemos "amén" p[ara] la gloria de Di[os]»
>
> **2 CORINTIOS 1:20**

PRIORIDADES

AGOSTO 2026

D	L	M	M	J	V
2	3	4	5	6	7
9	10	11	12	13	14
16	17	18	19	20	21
23	24	25	26	27	28
30	31				

- 7 am
- 8 am
- 9 am
- 10 am
- 11 am
- 12 am
- 1 pm
- 2 pm
- 3 pm
- 4 pm
- 5 pm
- 6 pm
- 7 pm
- 8 pm
- 9 pm

notas

«...rque todo lo que Dios ha creado
...ueno y nada es despreciable si
...ecibe con acción de gracias».

—MATEO 4:4, NVI

AGOSTO
lunes 10

AGOSTO 2026

L	M	M	J	V	S
					1
3	4	5	6	7	8
10	11	12	13	14	15
17	18	19	20	21	22
24	25	26	27	28	29
31					

PRIORIDADES

....
....
....
....

am
am
am
am
am
am
pm
pm
pm
pm
pm
pm
pm
pm
pm

notas

11 AGOSTO
martes

«No corregir al hijo es no quererl[o,]
amarlo es disciplinarlo a tiemp[o».]

PROVERBIOS 13:24,

PRIORIDADES

AGOSTO 2026

D	L	M	M	J	V	
2	3	4	5	6	7	
9	10	11	12	13	14	
16	17	18	19	20	21	
23	24	25	26	27	28	
30	31					

- 7 am
- 8 am
- 9 am
- 10 am
- 11 am
- 12 am
- 1 pm
- 2 pm
- 3 pm
- 4 pm
- 5 pm
- 6 pm
- 7 pm
- 8 pm
- 9 pm

notas

...stas cosas os he hablado, para *e mi gozo esté en vosotros, y* *estro gozo sea cumplido».*

AN 15:11, RVR60

AGOSTO
miércoles **12**

AGOSTO 2026

L	M	M	J	V	S
					1
3	4	5	6	7	8
10	11	12	13	14	15
17	18	19	20	21	22
24	25	26	27	28	29
31					

PRIORIDADES

....
....
....
....

7 am
8 am
9 am
10 am
11 am
12 am
1 pm
2 pm
3 pm
4 pm
5 pm
6 pm
7 pm
8 pm
9 pm

☐ ☐ ☐ ☐ ☐ ☐ ☐ ☐ ☐ ☐ ☐ ☐ ☐ ☐ ☐

notas

13 AGOSTO
jueves

«Él les tiene contados aun los cabell[os] de la cabeza. Así que no tengan mie[do,] ustedes valen más que muchos gorriones[».]

MATEO 10:30-31,

PRIORIDADES

AGOSTO 2026

D	L	M	M	J	V	S
						1
2	3	4	5	6	7	8
9	10	11	12	13	14	15
16	17	18	19	20	21	22
23	24	25	26	27	28	29
30	31					

7 am
8 am
9 am
10 am
11 am
12 am
1 pm
2 pm
3 pm
4 pm
5 pm
6 pm
7 pm
8 pm
9 pm

notas

«Lo secreto pertenece al Señor nuestro Dios, pero lo revelado nos pertenece a nosotros y a nuestros hijos para siempre, para que obedezcamos todas las palabras de esta ley».

DEUTERONOMIO 29:29, NVI

AGOSTO
viernes
14

AGOSTO 2026

L	M	M	J	V	S
					1
3	4	5	6	7	8
10	11	12	13	14	15
17	18	19	20	21	22
24	25	26	27	28	29
31					

PRIORIDADES

....
....
....
....

7 am
8 am
9 am
10 am
11 am
12 am
1 pm
2 pm
3 pm
4 pm
5 pm
6 pm
7 pm
8 pm
9 pm

notas

15 AGOSTO
sábado

«Confía en el Señor y haz el bi[en];
entonces vivirás seguro en la tie[rra]
y prosperará[s]».

SALMO 37:3,

PRIORIDADES

AGOSTO 2026

D	L	M	M	J	V	
2	3	4	5	6	7	
9	10	11	12	13	14	
16	17	18	19	20	21	
23	24	25	26	27	28	
30	31					

- 7 am
- 8 am
- 9 am
- 10 am
- 11 am
- 12 am
- 1 pm
- 2 pm
- 3 pm
- 4 pm
- 5 pm
- 6 pm
- 7 pm
- 8 pm
- 9 pm

notas

«Señor no retarda su promesa, según algunos tienen por tardanza, sino que es paciente para nosotros, no queriendo que ninguno perezca, que todos procedan al arrepentimiento».

2 PEDRO 3:9, RVR60

AGOSTO
domingo **16**

AGOSTO 2026

L	M	M	J	V	S
					1
3	4	5	6	7	8
10	11	12	13	14	15
17	18	19	20	21	22
24	25	26	27	28	29
31					

PRIORIDADES

7 am
8 am
9 am
10 am
11 am
12 am
1 pm
2 pm
3 pm
4 pm
5 pm
6 pm
7 pm
8 pm
9 pm

notas

17 AGOSTO
lunes

> «Porque el Hijo del Hombre no vi[no]
> para ser servido, sino para servir, y p[ara]
> dar su vida en rescate por mucho[s]».
>
> **MARCOS 10:45**, RVR

PRIORIDADES

AGOSTO 2026

D	L	M	M	J	V	
2	3	4	5	6	7	
9	10	11	12	13	14	
16	**17**	18	19	20	21	2
23	24	25	26	27	28	2
30	31					

- 7 am
- 8 am
- 9 am
- 10 am
- 11 am
- 12 am
- 1 pm
- 2 pm
- 3 pm
- 4 pm
- 5 pm
- 6 pm
- 7 pm
- 8 pm
- 9 pm

notas

«Los malvados no comprenden la justicia, pero los que siguen al Señor la entienden a la perfección».

PROVERBIOS 28:5, NTV

AGOSTO 18
martes

AGOSTO 2026

L	M	M	J	V	S	D
					1	
3	4	5	6	7	8	
10	11	12	13	14	15	
17	18	19	20	21	22	
24	25	26	27	28	29	
31						

PRIORIDADES

7 am
8 am
9 am
10 am
11 am
12 am
1 pm
2 pm
3 pm
4 pm
5 pm
6 pm
7 pm
8 pm
9 pm

notas

19 AGOSTO
miércoles

«El Señor llevará a cabo los planes que ti
para mi vida, pues tu fiel amor, oh Se
permanece para siempre. No me abando
porque tú me creas

SALMO 138:8,

PRIORIDADES

AGOSTO 2026

D	L	M	M	J	V
2	3	4	5	6	7
9	10	11	12	13	14
16	17	18	**19**	20	21
23	24	25	26	27	28
30	31				

- 7 am
- 8 am
- 9 am
- 10 am
- 11 am
- 12 am
- 1 pm
- 2 pm
- 3 pm
- 4 pm
- 5 pm
- 6 pm
- 7 pm
- 8 pm
- 9 pm

notas

«Por lo tanto, como pueblo escogido de Dios, santo y amado, revístanse de afecto entrañable y de bondad, humildad, amabilidad y paciencia».

COLOSENSES 3:12, NVI

AGOSTO 20
jueves

AGOSTO 2026

L	M	M	J	V	S
					1
3	4	5	6	7	8
10	11	12	13	14	15
17	18	19	20	21	22
24	25	26	27	28	29
31					

PRIORIDADES

am
am
am
am
am
am
pm
pm
pm
pm
pm
pm
pm
pm
pm

notas

21 AGOSTO
viernes

«Porque recta es la palabra de Jeh[ová]
y toda su obra es hecha con fidelid[ad]»

SALMO 33:4, R[...]

PRIORIDADES

AGOSTO 2026

D	L	M	M	J	V
2	3	4	5	6	7
9	10	11	12	13	14
16	17	18	19	20	21
23	24	25	26	27	28
30	31				

7 am
8 am
9 am
10 am
11 am
12 am
1 pm
2 pm
3 pm
4 pm
5 pm
6 pm
7 pm
8 pm
9 pm

notas

"...que yo soy el Señor tu Dios, que sostiene [m]ano derecha; yo soy quien te dice: [no] temas, yo te ayudaré"».

[I]S 41:13, NVI

AGOSTO
sábado 22

AGOSTO 2026

L	M	M	J	V	S
					1
3	4	5	6	7	8
10	11	12	13	14	15
17	18	19	20	21	22
24	25	26	27	28	29
31					

PRIORIDADES

- am
- am
- am
- am
- am
- am
- pm
- pm
- pm
- pm
- pm
- pm
- pm
- pm

notas

23 AGOSTO
domingo

«No sean nunca perezo[sos,] más bien trabajen con esm[ero] y sirvan al Señor con entusiasm[o].»

ROMANOS 12:11

PRIORIDADES

AGOSTO 2026

D	L	M	M	J	V
2	3	4	5	6	7
9	10	11	12	13	14
16	17	18	19	20	21
23	**24**	**25**	**26**	**27**	**28**
30	31				

- 7 am
- 8 am
- 9 am
- 10 am
- 11 am
- 12 am
- 1 pm
- 2 pm
- 3 pm
- 4 pm
- 5 pm
- 6 pm
- 7 pm
- 8 pm
- 9 pm

notas

...que practica el pecado es del diablo, ...que el diablo ha estado pecando desde ...rincipio. El Hijo de Dios fue enviado ...cisamente para destruir las obras del diablo».

...AN 3:8, NVI

AGOSTO
lunes 24

AGOSTO 2026

L	M	M	J	V	S
					1
3	4	5	6	7	8
10	11	12	13	14	15
17	18	19	20	21	22
24	25	26	27	28	29
31					

PRIORIDADES

am
am
am
am
am
am
pm
pm
pm
pm
pm
pm
pm
pm
pm

notas

25 AGOSTO
martes

«La gloria postrera de esta casa será mayor q[ue] primera, ha dicho Jehová de los ejércitos; y daré en este lugar, dice Jehová de los ejérci[tos]».

HAGEO 2:9, R[VR]

PRIORIDADES

AGOSTO 2026

D	L	M	M	J	V
2	3	4	5	6	7
9	10	11	12	13	14
16	17	18	19	20	21
23	24	**25**	26	27	28
30	31				

- 7 am
- 8 am
- 9 am
- 10 am
- 11 am
- 12 am
- 1 pm
- 2 pm
- 3 pm
- 4 pm
- 5 pm
- 6 pm
- 7 pm
- 8 pm
- 9 pm

notas

...Señor mismo peleará por ustedes, quédense tranquilos».

...DO 14:14, NTV

AGOSTO 26
miércoles

AGOSTO 2026

L	M	M	J	V	S
					1
3	4	5	6	7	8
10	11	12	13	14	15
17	18	19	20	21	22
24	25	26	27	28	29
31					

PRIORIDADES

am
am
am
am
am
am
pm
pm
pm
pm
pm
pm
pm
pm
pm

notas

27 AGOSTO
jueves

> «En ti confían los que conocen tu nom[bre]
> porque tú, Señor, jamás abando[na]
> a los que te busc[an]»
>
> **SALMO 9:10**

PRIORIDADES

AGOSTO 2026

D	L	M	M	J	V
2	3	4	5	6	7
9	10	11	12	13	14
16	17	18	19	20	21
23	24	25	26	**27**	28
30	31				

- 7 am
- 8 am
- 9 am
- 10 am
- 11 am
- 12 am
- 1 pm
- 2 pm
- 3 pm
- 4 pm
- 5 pm
- 6 pm
- 7 pm
- 8 pm
- 9 pm

notas

...r lo tanto, advierte al pueblo que así dice ...eñor de los Ejércitos: "Vuélvanse a mí, y ...me volveré a ustedes", afirma el Señor de ... Ejércitos».

...ARÍAS 1:3, NVI

AGOSTO 28
viernes

AGOSTO 2026

L	M	M	J	V	S
					1
3	4	5	6	7	8
10	11	12	13	14	15
17	18	19	20	21	22
24	25	26	27	28	29
	31				

PRIORIDADES

- 7 am
- 8 am
- 9 am
- 10 am
- 11 am
- 12 am
- 1 pm
- 2 pm
- 3 pm
- 4 pm
- 5 pm
- 6 pm
- 7 pm
- 8 pm
- 9 pm

notas

29 AGOSTO
sábado

> «Yo he puesto mi esperanza en el Señor,
> yo espero en el Dios de mi salvación.
> ¡Mi Dios me escuchará!»
>
> **MIQUEAS 7:7,**

PRIORIDADES

AGOSTO 2026

D	L	M	M	J	V	S
						1
2	3	4	5	6	7	8
9	10	11	12	13	14	15
16	17	18	19	20	21	22
23	24	25	26	27	28	29
30	31					

- 7 am
- 8 am
- 9 am
- 10 am
- 11 am
- 12 am
- 1 pm
- 2 pm
- 3 pm
- 4 pm
- 5 pm
- 6 pm
- 7 pm
- 8 pm
- 9 pm

notas

«unque tropiecen, nunca caerán, rque el Señor los sostiene de la mano».

LMO 37:24, NTV

AGOSTO 30
domingo

AGOSTO 2026

L	M	M	J	V	S
					1
3	4	5	6	7	8
10	11	12	13	14	15
17	18	19	20	21	22
24	25	26	27	28	29
31					

PRIORIDADES

7 am
8 am
9 am
10 am
11 am
12 am
1 pm
2 pm
3 pm
4 pm
5 pm
6 pm
7 pm
8 pm
9 pm

notas

31 AGOSTO
lunes

> «Si tengo el don de profecía y entien[do] todos los misterios; si poseo todo conocimien[to] si tengo una fe que logra trasladar montañ[as], pero me falta el amor, no soy nad[a].»
>
> **1 CORINTIOS 13:2**

PRIORIDADES

....
....
....
....

AGOSTO 2026

D	L	M	M	J	V	
2	3	4	5	6	7	
9	10	11	12	13	14	
16	17	18	19	20	21	
23	24	25	26	27	28	
30	**31**					

- 7 am
- 8 am
- 9 am
- 10 am
- 11 am
- 12 am
- 1 pm
- 2 pm
- 3 pm
- 4 pm
- 5 pm
- 6 pm
- 7 pm
- 8 pm
- 9 pm

notas

SEPTIEMBRE

«Y serás corona de gloria en la mano de Jehová, y diadema de reino en la mano del Dios tuyo».

Isaías 62:3, RVR60

SEPTIEMBRE 2026

DOMINGO	LUNES	MARTES	MIÉRCOLES
		1	2
6	7	8	9
13	14	15	16
20	21	22	23
27	28	29	30

SEPTIEMBRE
2026

JUEVES	VIERNES	SÁBADO
3	4	5
10	11	12
17	18	19
24	25	26

notas

AGOSTO 2026

D	L	M	M	J	V	S
						1
2	3	4	5	6	7	8
9	10	11	12	13	14	15
16	17	18	19	20	21	22
23	24	25	26	27	28	29
30	31					

OCTUBRE 2026

D	L	M	M	J	V	S
				1	2	3
4	5	6	7	8	9	10
11	12	13	14	15	16	17
18	19	20	21	22	23	24
25	26	27	28	29	30	31

PLAN *mensual*

PRIORIDADES DEL MES

MOTIVOS DE ORACIÓN

PRESUPUESTO *mensual*

CUENTAS	FECHA	CANTIDAD	PAGO	BALANCE

«El Señor tu Dios te bendecirá tal como lo prometió».
DEUTERONOMIO 15:6, NTV

TOTAL

01 SEPTIEMBRE
martes

> «Enséñame a hacer tu volun[tad]
> porque tú eres mi D[ios];
> tu buen espíritu me g[uíe]
> a tierra de rectit[ud]».
>
> **SALMO 143:10**, RV[R]

PRIORIDADES

SEPTIEMBRE 202[5]

D	L	M	M	J	V
			1	2	3	4
6	7	8	9	10	11
13	14	15	16	17	18
20	21	22	23	24	25
27	28	29	30

- 7 am
- 8 am
- 9 am
- 10 am
- 11 am
- 12 am
- 1 pm
- 2 pm
- 3 pm
- 4 pm
- 5 pm
- 6 pm
- 7 pm
- 8 pm
- 9 pm

notas

*mismo iré contigo
y daré descanso
respondió el Señor».*

ÉXODO 33:14, NVI

SEPTIEMBRE 02
miércoles

SEPTIEMBRE 2026

L	M	M	J	V	S
	1	2	3	4	5
7	8	9	10	11	12
14	15	16	17	18	19
21	22	23	24	25	26
28	29	30			

PRIORIDADES

7 am
8 am
9 am
10 am
11 am
12 am
1 pm
2 pm
3 pm
4 pm
5 pm
6 pm
7 pm
8 pm
9 pm

notas

03 SEPTIEMBRE
jueves

> «La esperanza de los justos es alegría; mas la esperanza de los impíos perecerá».
>
> **PROVERBIOS 10:28**, RVR

PRIORIDADES

_____

_____

_____

_____

SEPTIEMBRE 202

D	L	M	M	J	V
		1	2	3	4
6	7	8	9	10	11
13	14	15	16	17	18
20	21	22	23	24	25
27	28	29	30		

- 7 am
- 8 am
- 9 am
- 10 am
- 11 am
- 12 am
- 1 pm
- 2 pm
- 3 pm
- 4 pm
- 5 pm
- 6 pm
- 7 pm
- 8 pm
- 9 pm

notas

«Este es el día que hizo
el Señor; nos gozaremos
y alegraremos en él».
SALMO 118:24, NTV

SEPTIEMBRE 04
viernes

SEPTIEMBRE 2026

L	M	M	J	V	S
	1	2	3	4	5
7	8	9	10	11	12
14	15	16	17	18	19
21	22	23	24	25	26
28	29	30			

PRIORIDADES

- 7 am
- 8 am
- 9 am
- 10 am
- 11 am
- 12 am
- 1 pm
- 2 pm
- 3 pm
- 4 pm
- 5 pm
- 6 pm
- 7 pm
- 8 pm
- 9 pm

notas

05 SEPTIEMBRE
sábado

«Cuando viene la soberbia, viene también la deshonra; mas con los humildes está la sabiduría».

PROVERBIOS 11:2, RV

PRIORIDADES

SEPTIEMBRE 2020

D	L	M	M	J	V
		1	2	3	4
6	7	8	9	10	11
13	14	15	16	17	18
20	21	22	23	24	25
27	28	29	30		

- 7 am
- 8 am
- 9 am
- 10 am
- 11 am
- 12 am
- 1 pm
- 2 pm
- 3 pm
- 4 pm
- 5 pm
- 6 pm
- 7 pm
- 8 pm
- 9 pm

notas

«[El] Señor es mi fuerza y mi [escu]do; mi corazón en él confía;
[de é]l recibo ayuda».

[SAL]MO 28:7, NVI

SEPTIEMBRE 06
domingo

[S]EPTIEMBRE 2026

L	M	M	J	V	S	
	1	2	3	4	5	
7	8	9	10	11	12	
14	15	16	17	18	19	
21	22	23	24	25	26	
28	29	30				

PRIORIDADES

- am
- am
- am
- am
- am
- am
- pm
- pm
- pm
- pm
- pm
- pm
- pm
- pm
- pm

notas

07 SEPTIEMBRE
lunes

> «¡En ningún otro hay salvaci[ón]
> Dios no ha dado ningún o[tro]
> nombre bajo el cielo, media[nte]
> el cual podamos ser salvo[s]».
>
> **HECHOS 4:12,**

PRIORIDADES

....

....

....

....

SEPTIEMBRE 202[5]

D	L	M	M	J	V	
	1	2	3	4		
6	7	8	9	10	11	
13	14	15	16	17	18	
20	21	22	23	24	25	
27	28	29	30			

- 7 am
- 8 am
- 9 am
- 10 am
- 11 am
- 12 am
- 1 pm
- 2 pm
- 3 pm
- 4 pm
- 5 pm
- 6 pm
- 7 pm
- 8 pm
- 9 pm

notas

«Dios es nuestro amparo y fortaleza, nuestro pronto auxilio en las tribulaciones».

SALMO 46:1, RVR60

SEPTIEMBRE
martes 08

SEPTIEMBRE 2026

D	L	M	M	J	V	S
		1	2	3	4	5
6	7	8	9	10	11	12
13	14	15	16	17	18	19
20	21	22	23	24	25	26
27	28	29	30			

PRIORIDADES

7 am
8 am
9 am
10 am
11 am
12 am
1 pm
2 pm
3 pm
4 pm
5 pm
6 pm
7 pm
8 pm
9 pm

notas

09 SEPTIEMBRE
miércoles

«El Señor ama la justicia y el derecho; llena está la tierra de su gran amor».

SALMO 33:5,

PRIORIDADES

SEPTIEMBRE 2026

D	L	M	M	J	V	S
		1	2	3	4	5
6	7	8	9	10	11	12
13	14	15	16	17	18	19
20	21	22	23	24	25	26
27	28	29	30			

- 7 am
- 8 am
- 9 am
- 10 am
- 11 am
- 12 am
- 1 pm
- 2 pm
- 3 pm
- 4 pm
- 5 pm
- 6 pm
- 7 pm
- 8 pm
- 9 pm

notas

"o, el Señor, amo la justicia,
ro odio el robo y la iniquidad.
 mi fidelidad los recompensaré
 haré con ellos un pacto eterno».

ÍAS 61:8, NVI

SEPTIEMBRE
jueves 10

SEPTIEMBRE 2026

D	L	M	M	J	V	S
		1	2	3	4	5
	7	8	9	10	11	12
	14	15	16	17	18	19
	21	22	23	24	25	26
	28	29	30			

PRIORIDADES

- 7 am
- 8 am
- 9 am
- 10 am
- 11 am
- 12 am
- 1 pm
- 2 pm
- 3 pm
- 4 pm
- 5 pm
- 6 pm
- 7 pm
- 8 pm
- 9 pm

notas

11 SEPTIEMBRE
viernes

«Y toda lengua confi[ese]
que Jesucristo es el Seño[r]
para gloria de Dios Padr[e]»

FILIPENSES 2:11,

PRIORIDADES

SEPTIEMBRE 202[0]

D	L	M	M	J	V	
		1	2	3	4	
6	7	8	9	10	11	
13	14	15	16	17	18	
20	21	22	23	24	25	
27	28	29	30			

- 7 am
- 8 am
- 9 am
- 10 am
- 11 am
- 12 am
- 1 pm
- 2 pm
- 3 pm
- 4 pm
- 5 pm
- 6 pm
- 7 pm
- 8 pm
- 9 pm

notas

*lices son los íntegros,
que siguen las enseñanzas
Señor».*

—MO 119:1, NTV

SEPTIEMBRE
sábado 12

EPTIEMBRE 2026

L	M	M	J	V	S
	1	2	3	4	5
7	8	9	10	11	12
14	15	16	17	18	19
21	22	23	24	25	26
28	29	30			

PRIORIDADES

- 7 am
- 8 am
- 9 am
- 10 am
- 11 am
- 12 am
- 1 pm
- 2 pm
- 3 pm
- 4 pm
- 5 pm
- 6 pm
- 7 pm
- 8 pm
- 9 pm

notas

13 SEPTIEMBRE
domingo

> «Los que sembraron con lágrimas, con regocijo segarán».
> **SALMO 126:5**, RVR

PRIORIDADES

SEPTIEMBRE 2020

D	L	M	M	J	V	S
		1	2	3	4	
6	7	8	9	10	11	
13	14	15	16	17	18	
20	21	22	23	24	25	
27	28	29	30			

- 7 am
- 8 am
- 9 am
- 10 am
- 11 am
- 12 am
- 1 pm
- 2 pm
- 3 pm
- 4 pm
- 5 pm
- 6 pm
- 7 pm
- 8 pm
- 9 pm

notas

«os fuertes en la fe debemos
oyar a los débiles, en vez de
cer lo que nos agrada».

MANOS 15:1, NVI

SEPTIEMBRE
lunes

14

EPTIEMBRE 2026

L M M J V S
  1 2 3 4 5
7 8 9 10 11 12
14 15 16 17 18 19
21 22 23 24 25 26
28 29 30

PRIORIDADES

7 am
8 am
9 am
10 am
11 am
12 am
1 pm
2 pm
3 pm
4 pm
5 pm
6 pm
7 pm
8 pm
9 pm

notas

15 SEPTIEMBRE
martes

> «Sigan por el camino que
> Señor su Dios ha trazado p
> que vivan, prosperen y disfru
> de larga vida en la tierr

DEUTERONOMIO 5:33

PRIORIDADES

SEPTIEMBRE 202

D	L	M	M	J	V
		1	2	3	4
6	7	8	9	10	11
13	14	**15**	16	17	18
20	21	22	23	24	25
27	28	29	30		

- 7 am
- 8 am
- 9 am
- 10 am
- 11 am
- 12 am
- 1 pm
- 2 pm
- 3 pm
- 4 pm
- 5 pm
- 6 pm
- 7 pm
- 8 pm
- 9 pm

notas

«...bendición de Jehová
... que enriquece, y no
... de tristeza con ella».

...VERBIOS 10:22, RVR60

SEPTIEMBRE
miércoles

16

...PTIEMBRE 2026

L	M	M	J	V	S
	1	2	3	4	5
7	8	9	10	11	12
14	15	16	17	18	19
21	22	23	24	25	26
28	29	30			

PRIORIDADES

am
am
am
am
am
am
pm
pm
pm
pm
pm
pm
pm
pm
pm

notas

17 SEPTIEMBRE
jueves

«Con Dios obtendrem[os] victoria; ¡él aplas[tará] a nuestros enemig[os]!»

SALMO 60:1[2]

PRIORIDADES

SEPTIEMBRE 20[25]

D	L	M	M	J	V
	1	2	3	4	
6	7	8	9	10	11
13	14	15	16	**17**	18
20	21	22	23	24	25
27	28	29	30		

7 am
8 am
9 am
10 am
11 am
12 am
1 pm
2 pm
3 pm
4 pm
5 pm
6 pm
7 pm
8 pm
9 pm

notas

...temas ni te desalientes, ...ue el propio Señor irá ...nte de ti. Él estará contigo; ...e fallará ni te abandonará».

...TERONOMIO 31:8, NTV

SEPTIEMBRE
viernes
18

...PTIEMBRE 2026

L	M	M	J	V	S
	1	2	3	4	5
7	8	9	10	11	12
14	15	16	17	**18**	19
21	22	23	24	25	26
28	29	30			

PRIORIDADES

- am
- am
- am
- am
- am
- am
- pm
- pm
- pm
- pm
- pm
- pm
- pm
- pm
- pm

notas

19 SEPTIEMBRE
sábado

«Entonces ustedes invocarán, vendrán, suplicarme y yo los escucharé».

JEREMÍAS 29:12

PRIORIDADES

SEPTIEMBRE 20

D	L	M	M	J	V
		1	2	3	4
6	7	8	9	10	11
13	14	15	16	17	18
20	21	22	23	24	25
27	28	29	30		

- 7 am
- 8 am
- 9 am
- 10 am
- 11 am
- 12 am
- 1 pm
- 2 pm
- 3 pm
- 4 pm
- 5 pm
- 6 pm
- 7 pm
- 8 pm
- 9 pm

notas

...iense qué gran amor nos ha ... el Padre, que se nos llame ...s de Dios! ¡Y lo somos!».

...AN 3:1, NVI

SEPTIEMBRE 20
domingo

...PTIEMBRE 2026

L	M	M	J	V	S
	1	2	3	4	5
7	8	9	10	11	12
14	15	16	17	18	19
21	22	23	24	25	26
28	29	30			

PRIORIDADES

am
am
am
am
am
am
pm
pm
pm
pm
pm
pm
pm
pm
pm

notas

21 SEPTIEMBRE
lunes

«Yo soy el buen pa[stor];
el buen pastor su vid[a da]
por las ove[jas].»

JUAN 10:11, R[VR]

PRIORIDADES

SEPTIEMBRE 20

D	L	M	M	J	V
		1	2	3	4
6	7	8	9	10	11
13	14	15	16	17	18
20	**21**	**22**	**23**	**24**	**25**
27	28	29	30		

- 7 am
- 8 am
- 9 am
- 10 am
- 11 am
- 12 am
- 1 pm
- 2 pm
- 3 pm
- 4 pm
- 5 pm
- 6 pm
- 7 pm
- 8 pm
- 9 pm

notas

SEPTIEMBRE
martes 22

«...cierto os digo, que si tuviereis [...]mo un grano de mostaza, diréis [...]e monte: Pásate de aquí allá, y [...]sará; y nada os será imposible».

[...]EO 17:20, RVR60

[SE]PTIEMBRE 2026

L	M	M	J	V	S	
	1	2	3	4	5	
7	8	9	10	11	12	
14	15	16	17	18	19	
21	22	23	24	25	26	
28	29	30				

PRIORIDADES

....

....

....

- ___ am
- ___ am
- ___ am
- ___ am
- ___ am
- ___ am
- ___ pm
- ___ pm
- ___ pm
- ___ pm
- ___ pm
- ___ pm
- ___ pm
- ___ pm

notas

23 SEPTIEMBRE
miércoles

> «Ayúdense a llevar los [
> las cargas de los otr[
> obedezcan de esa man[
> la ley de Cris[

GÁLATAS 6:2

PRIORIDADES

SEPTIEMBRE 20[

D	L	M	M	J	V
		1	2	3	4
6	7	8	9	10	11
13	14	15	16	17	18
20	**21**	**22**	**23**	**24**	**25**
27	28	29	30		

- 7 am
- 8 am
- 9 am
- 10 am
- 11 am
- 12 am
- 1 pm
- 2 pm
- 3 pm
- 4 pm
- 5 pm
- 6 pm
- 7 pm
- 8 pm
- 9 pm

notas

...el es Dios, quien los ha
...ado a tener comunión
...su Hijo Jesucristo,
...stro Señor».

...RINTIOS 1:9, NVI

SEPTIEMBRE
jueves
24

...EPTIEMBRE 2026

L	M	M	J	V	S
	1	2	3	4	5
7	8	9	10	11	12
14	15	16	17	18	19
21	22	23	24	25	26
28	29	30			

PRIORIDADES

...am
...am
...am
...am
...am
...am
...pm
...pm
...pm
...pm
...pm
...pm
...pm
...pm
...pm

notas

25 SEPTIEMBRE
viernes

> «El orgullo solo genera contiendas, pero la sabiduría está con quienes oyen consejo».
>
> **PROVERBIOS 13:10**

PRIORIDADES

....
....
....
....

SEPTIEMBRE 202

D	L	M	M	J	V
		1	2	3	4
6	7	8	9	10	11
13	14	15	16	17	18
20	21	22	23	24	25
27	28	29	30		

- 7 am
- 8 am
- 9 am
- 10 am
- 11 am
- 12 am
- 1 pm
- 2 pm
- 3 pm
- 4 pm
- 5 pm
- 6 pm
- 7 pm
- 8 pm
- 9 pm

notas

«Jesús les dijo: Yo soy el pan de vida; el que a mí viene, nunca tendrá hambre; y el que en mí cree, no tendrá sed jamás».

JUAN 6:35, RVR60

SEPTIEMBRE
sábado
26

SEPTIEMBRE 2026

L	M	M	J	V	S
	1	2	3	4	5
7	8	9	10	11	12
14	15	16	17	18	19
21	22	23	24	25	**26**
28	29	30			

PRIORIDADES

- 7 am
- 8 am
- 9 am
- 10 am
- 11 am
- 12 am
- 1 pm
- 2 pm
- 3 pm
- 4 pm
- 5 pm
- 6 pm
- 7 pm
- 8 pm
- 9 pm

notas

27 SEPTIEMBRE
domingo

> «Él revela lo profu[ndo]
> y lo escondido; conoce lo [que]
> está en tinieblas, y co[n él]
> mora la l[uz].»
>
> **DANIEL 2:22**, RV[R]

PRIORIDADES

SEPTIEMBRE 202[5]

D	L	M	M	J	V
	1	2	3	4	
6	7	8	9	10	11
13	14	15	16	17	18
20	21	22	23	24	25
27	28	29	30		

- 7 am
- 8 am
- 9 am
- 10 am
- 11 am
- 12 am
- 1 pm
- 2 pm
- 3 pm
- 4 pm
- 5 pm
- 6 pm
- 7 pm
- 8 pm
- 9 pm

notas

«Dichoso el que resiste la tentación porque, al salir aprobado, recibirá la corona de la vida que el Señor ha prometido a quienes lo aman».

SANTIAGO 1:12, NVI

SEPTIEMBRE 2026

L	M	M	J	V	S	D
	1	2	3	4	5	6
7	8	9	10	11	12	13
14	15	16	17	18	19	20
21	22	23	24	25	26	27
28	29	30				

SEPTIEMBRE
lunes **28**

PRIORIDADES

- 7 am
- 8 am
- 9 am
- 10 am
- 11 am
- 12 am
- 1 pm
- 2 pm
- 3 pm
- 4 pm
- 5 pm
- 6 pm
- 7 pm
- 8 pm
- 9 pm

notas

29 SEPTIEMBRE
martes

> «¿Por qué estás tan abati[da], alma mía? ¿Por qué estás angustiada? En Dios pondré esperanza y lo seguiré alaband[o]».
> **SALMO 42:5,**

SEPTIEMBRE 202[0]

D	L	M	M	J	V	
		1	2	3	4	
6	7	8	9	10	11	
13	14	15	16	17	18	
20	21	22	23	24	25	
27	28	**29**	30			

PRIORIDADES

- ....
- ....
- ....
- ....

Hora	
7 am	
8 am	
9 am	
10 am	
11 am	
12 am	
1 pm	
2 pm	
3 pm	
4 pm	
5 pm	
6 pm	
7 pm	
8 pm	
9 pm	

notas

«porque para mí el vivir
es Cristo, y el morir es ganancia».

FILIPENSES 1:21, RVR60

SEPTIEMBRE
miércoles 30

SEPTIEMBRE 2026

L	M	M	J	V	S
	1	2	3	4	5
7	8	9	10	11	12
14	15	16	17	18	19
21	22	23	24	25	26
28	29	30			

PRIORIDADES

....
....
....

7 am
8 am
9 am
10 am
11 am
12 am
1 pm
2 pm
3 pm
4 pm
5 pm
6 pm
7 pm
8 pm
9 pm

notas

notas

OCTUBRE

«No imiten las conductas ni las costumbres de este mundo, más bien dejen que Dios los transforme en personas nuevas al cambiarles la manera de pensar. Entonces aprenderán a conocer la voluntad de Dios para ustedes, la cual es buena, agradable y perfecta».

ROMANOS 12:2, NTV

OCTUBRE
2026

DOMINGO	LUNES	MARTES	MIÉRCOLES
4	5	6	7
11	12	13	14
18	19	20	21
25	26	27	28

OCTUBRE
2026

JUEVES	VIERNES	SÁBADO
1	2	3
8	9	10
15	16	17
22	23	24
29	30	31

notas

SEPTIEMBRE 2026

D	L	M	M	J	V	S
		1	2	3	4	5
6	7	8	9	10	11	12
13	14	15	16	17	18	19
20	21	22	23	24	25	26
27	28	29	30			

NOVIEMBRE 2026

D	L	M	M	J	V	S
1	2	3	4	5	6	7
8	9	10	11	12	13	14
15	16	17	18	19	20	21
22	23	24	25	26	27	28
29	30					

PLAN *mensual*

PRIORIDADES DEL MES

MOTIVOS DE ORACIÓN

PRESUPUESTO *mensual*

CUENTAS	FECHA	CANTIDAD	PAGO	BALANCE

«Las riquezas mal habidas no sirven de nada».
PROVERBIOS 10:2, NVI

TOTAL

01 OCTUBRE
jueves

«Muchos son los planes en el corazón de las personas, pero al final prevalecen los designios del Señor».

PROVERBIOS 19:21

PRIORIDADES

OCTUBRE 2026

D	L	M	M	J	V
				1	2
4	5	6	7	8	9
11	12	13	14	15	16
18	19	20	21	22	23
25	26	27	28	29	30

7 am
8 am
9 am
10 am
11 am
12 am
1 pm
2 pm
3 pm
4 pm
5 pm
6 pm
7 pm
8 pm
9 pm

notas

«Sabemos que nuestro antiguo ser pecaminoso fue crucificado con Cristo para que el pecado perdiera su poder en nuestra vida. Ya no somos esclavos del pecado».

ROMANOS 6:6, NTV

OCTUBRE
viernes 02

OCTUBRE 2026

L	M	M	J	V	S
			1	2	3
5	6	7	8	9	10
12	13	14	15	16	17
19	20	21	22	23	24
26	27	28	29	30	31

PRIORIDADES

- 7 am
- 8 am
- 9 am
- 10 am
- 11 am
- 12 am
- 1 pm
- 2 pm
- 3 pm
- 4 pm
- 5 pm
- 6 pm
- 7 pm
- 8 pm
- 9 pm

notas

03 OCTUBRE
sábado

«Pues ni aun el Hijo del Hombre vi[no] para que le sirvan, sino para servir a ot[ros,] y para dar su vida en rescate por mucho[s]».

MATEO 20:28,

PRIORIDADES

....
....
....
....

OCTUBRE 2026

D	L	M	M	J	V	
				1	2	
4	5	6	7	8	9	
11	12	13	14	15	16	
18	19	20	21	22	23	
25	26	27	28	29	30	

- 7 am
- 8 am
- 9 am
- 10 am
- 11 am
- 12 am
- 1 pm
- 2 pm
- 3 pm
- 4 pm
- 5 pm
- 6 pm
- 7 pm
- 8 pm
- 9 pm

notas

...alguno me sirve, sígame; y donde yo [est]uviere, allí también estará mi servidor. [Si] alguno me sirviere, mi Padre le honrará».

[JU]AN 12:26, RVR60

OCTUBRE
domingo **04**

OCTUBRE 2026

L	M	M	J	V	S
			1	2	3
5	6	7	8	9	10
12	13	14	15	16	17
19	20	21	22	23	24
26	27	28	29	30	31

PRIORIDADES

- 7 am
- 8 am
- 9 am
- 10 am
- 11 am
- 12 am
- 1 pm
- 2 pm
- 3 pm
- 4 pm
- 5 pm
- 6 pm
- 7 pm
- 8 pm
- 9 pm

notas

05 OCTUBRE
lunes

> «Si fuéremos infiel[es]
> él permanece fiel; él no pue[de]
> negarse a sí mism[o]».
>
> **2 TIMOTEO 2:13**, RVR

PRIORIDADES

....
....
....
....

OCTUBRE 2026

D	L	M	M	J	V	
				1	2	
4	5	6	7	8	9	
11	12	13	14	15	16	
18	19	20	21	22	23	
25	26	27	28	29	30	

- 7 am
- 8 am
- 9 am
- 10 am
- 11 am
- 12 am
- 1 pm
- 2 pm
- 3 pm
- 4 pm
- 5 pm
- 6 pm
- 7 pm
- 8 pm
- 9 pm

notas

o les tengas miedo [...], porque
he dado la victoria. Ni uno de ellos
drá hacerte frente».

SUÉ 10:8, NTV

OCTUBRE
martes 06

OCTUBRE 2026

L	M	M	J	V	S
			1	2	3
5	6	7	8	9	10
12	13	14	15	16	17
19	20	21	22	23	24
26	27	28	29	30	31

PRIORIDADES

7 am
8 am
9 am
10 am
11 am
12 am
1 pm
2 pm
3 pm
4 pm
5 pm
6 pm
7 pm
8 pm
9 pm

notas

07 OCTUBRE
miércoles

«Confío en Dios y alabo su palab[ra],
confío en Dios y no siento mie[do].
¿Qué puede hacerme un simple morta[l]?»

SALMO 56:4

PRIORIDADES

OCTUBRE 2026

D	L	M	M	J	V
				1	2
4	5	6	7	8	9
11	12	13	14	15	16
18	19	20	21	22	23
25	26	27	28	29	30

- 7 am
- 8 am
- 9 am
- 10 am
- 11 am
- 12 am
- 1 pm
- 2 pm
- 3 pm
- 4 pm
- 5 pm
- 6 pm
- 7 pm
- 8 pm
- 9 pm

notas

«sabemos que a los que aman a Dios, todas las cosas les ayudan a bien, esto es, a los que conforme a su propósito son llamados».

ROMANOS 8:28, RVR60

OCTUBRE
jueves 08

OCTUBRE 2026

L	M	M	J	V	S
			1	2	3
5	6	7	8	9	10
12	13	14	15	16	17
19	20	21	22	23	24
26	27	28	29	30	31

PRIORIDADES

7 am
8 am
9 am
10 am
11 am
12 am
1 pm
2 pm
3 pm
4 pm
5 pm
6 pm
7 pm
8 pm
9 pm

notas

09 OCTUBRE
viernes

«El Señor es sol y escudo; [él] nos concede honor y glo[ria]. El Señor no niega sus bondades a [los] que se conducen con integrid[ad]».

PROVERBIOS 2:7-8

PRIORIDADES

OCTUBRE 2026

D	L	M	M	J	V
				1	2
4	5	6	7	8	9
11	12	13	14	15	16
18	19	20	21	22	23
25	26	27	28	29	30

7 am
8 am
9 am
10 am
11 am
12 am
1 pm
2 pm
3 pm
4 pm
5 pm
6 pm
7 pm
8 pm
9 pm

notas

"...rendan a hacer el bien. Busquen ...usticia y ayuden a los oprimidos. ...iendan la causa de los huérfanos ...chen por los derechos de las viudas».

...AS 1:17, NTV

OCTUBRE
sábado
10

OCTUBRE 2026

L	M	M	J	V	S
			1	2	3
5	6	7	8	9	10
12	13	14	15	16	17
19	20	21	22	23	24
26	27	28	29	30	31

PRIORIDADES

7 am
8 am
9 am
10 am
11 am
12 am
1 pm
2 pm
3 pm
4 pm
5 pm
6 pm
7 pm
8 pm
9 pm

notas

11 OCTUBRE
domingo

«Esta esperanza es un ancla fir— y confiable para el alma; nos cond— a través de la cortina al santu— interior de Di—

HEBREOS 6:19,

PRIORIDADES

OCTUBRE 2026

D	L	M	M	J	V
				1	2
4	5	6	7	8	9
11	12	13	14	15	16
18	19	20	21	22	23
25	26	27	28	29	30

7 am
8 am
9 am
10 am
11 am
12 am
1 pm
2 pm
3 pm
4 pm
5 pm
6 pm
7 pm
8 pm
9 pm

notas

nte de pie en la presencia de los ianos y muestra respeto por las sonas de edad. Teme a tu Dios. oy el Señor».

TICO 19:32, NTV

OCTUBRE
lunes 12

OCTUBRE 2026

L	M	M	J	V	S
			1	2	3
5	6	7	8	9	10
12	13	14	15	16	17
19	20	21	22	23	24
26	27	28	29	30	31

PRIORIDADES

 am
 am
 am
) am
1 am
2 am
1 pm
2 pm
3 pm
4 pm
5 pm
6 pm
7 pm
8 pm
9 pm

notas

13 OCTUBRE
martes

«Esta es la prom[esa]
que él nos dio: la vida eter[na]

1 JUAN 2:25

PRIORIDADES

OCTUBRE 2026

D	L	M	M	J	V
				1	2
4	5	6	7	8	9
11	12	**13**	14	15	16
18	19	20	21	22	23
25	26	27	28	29	30

- 7 am
- 8 am
- 9 am
- 10 am
- 11 am
- 12 am
- 1 pm
- 2 pm
- 3 pm
- 4 pm
- 5 pm
- 6 pm
- 7 pm
- 8 pm
- 9 pm

notas

fruto del Espíritu es amor, alegría,
paciencia, amabilidad, bondad,
...idad, humildad y dominio propio.
...ay ley que condene estas cosas».

ATAS 5:22-23, NVI

OCTUBRE
miércoles 14

OCTUBRE 2026

L	M	M	J	V	S
			1	2	3
5	6	7	8	9	10
12	13	14	15	16	17
19	20	21	22	23	24
26	27	28	29	30	31

PRIORIDADES

am
am
am
am
am
am
pm
pm
pm
pm
pm
pm
pm
pm
pm

notas

15 OCTUBRE
jueves

> «La sabiduría que es de lo alto es primeram[ente] pura, después pacífica, amable, benig[na,] llena de misericordia y de buenos fru[tos,] sin incertidumbre ni hipocres[ía.]»
>
> **SANTIAGO 3:17**, RV[R]

PRIORIDADES

....
....
....

OCTUBRE 2026

D	L	M	M	J	V
				1	2
4	5	6	7	8	9
11	12	13	14	15	16
18	19	20	21	22	23
25	26	27	28	29	30

7 am
8 am
9 am
10 am
11 am
12 am
1 pm
2 pm
3 pm
4 pm
5 pm
6 pm
7 pm
8 pm
9 pm

notas

*que no nos ha dado Dios espíritu
 obardía, sino de poder, de amor
 e dominio propio».*

MOTEO 1:7, RVR60

OCTUBRE
viernes
16

OCTUBRE 2026

L	M	M	J	V	S
			1	2	3
5	6	7	8	9	10
12	13	14	15	16	17
19	20	21	22	23	24
26	27	28	29	30	31

PRIORIDADES

7 am
8 am
9 am
10 am
11 am
12 am
1 pm
2 pm
3 pm
4 pm
5 pm
6 pm
7 pm
8 pm
9 pm

notas

17 OCTUBRE
sábado

> «Es, pues, la fe la cer[teza]
> de lo que se espera, la convic[ción]
> de lo que no se [ve]».
>
> **HEBREOS 11:1**, RV[R]

PRIORIDADES

OCTUBRE 2026

D	L	M	M	J	V	
				1	2	
4	5	6	7	8	9	
11	12	13	14	15	16	
18	19	20	21	22	23	
25	26	27	28	29	30	

- 7 am
- 8 am
- 9 am
- 10 am
- 11 am
- 12 am
- 1 pm
- 2 pm
- 3 pm
- 4 pm
- 5 pm
- 6 pm
- 7 pm
- 8 pm
- 9 pm

notas

«hora, Señor, ¿qué esperaré? speranza está en ti».

MO 39:7, RVR60

OCTUBRE
domingo

OCTUBRE 2026

L	M	M	J	V	S
			1	2	3
5	6	7	8	9	10
12	13	14	15	16	17
19	20	21	22	23	24
26	27	28	29	30	31

PRIORIDADES

am
am
am
am
am
am
pm
pm
pm
pm
pm
pm
pm
pm
pm

notas

19 OCTUBRE
lunes

> «Si confesamos nuestros peca[dos] Dios, que es fiel y justo, nos los perdon[a] y nos limpiará de toda mald[ad].»
>
> **1 JUAN 1:9**

PRIORIDADES

OCTUBRE 2026

D	L	M	M	J	V
				1	2
4	5	6	7	8	9
11	12	13	14	15	16
18	19	20	21	22	23
25	26	27	28	29	30

7 am
8 am
9 am
10 am
11 am
12 am
1 pm
2 pm
3 pm
4 pm
5 pm
6 pm
7 pm
8 pm
9 pm

notas

na al Señor tu Dios con todo
corazón, con toda tu alma y
toda tu mente».

TEO 22:37, NVI

OCTUBRE
martes 20

OCTUBRE 2026

L	M	M	J	V	S
			1	2	3
5	6	7	8	9	10
12	13	14	15	16	17
19	20	21	22	23	24
26	27	28	29	30	31

PRIORIDADES

7 am
8 am
9 am
10 am
11 am
12 am
1 pm
2 pm
3 pm
4 pm
5 pm
6 pm
7 pm
8 pm
9 pm

notas

21 OCTUBRE
miércoles

«No te afanes por hacerte r
sé prudente, y desis

PROVERBIOS 23:4, RV

PRIORIDADES

OCTUBRE 2026

D	L	M	M	J	V
				1	2
4	5	6	7	8	9
11	12	13	14	15	16
18	19	20	21	22	23
25	26	27	28	29	30

7 am
8 am
9 am
10 am
11 am
12 am
1 pm
2 pm
3 pm
4 pm
5 pm
6 pm
7 pm
8 pm
9 pm

notas

…sta ahora no han pedido nada
…mi nombre. Pidan y recibirán
…a que su alegría sea completa».

…AN 16:24, NVI

OCTUBRE
jueves 22

OCTUBRE 2026

L	M	M	J	V	S
			1	2	3
5	6	7	8	9	10
12	13	14	15	16	17
19	20	21	22	23	24
26	27	28	29	30	31

PRIORIDADES

7 am
8 am
9 am
10 am
11 am
12 am
1 pm
2 pm
3 pm
4 pm
5 pm
6 pm
7 pm
8 pm
9 pm

notas

23 OCTUBRE
viernes

«Esmérate en seguir la justicia, la devoción, la fe, el amor, la constancia y la humildad».

1 TIMOTEO 6:11

PRIORIDADES

_____
_____
_____
_____

OCTUBRE 2026

D	L	M	M	J	V
				1	2
4	5	6	7	8	9
11	12	13	14	15	16
18	19	20	21	22	**23**
25	26	27	28	29	30

- 7 am
- 8 am
- 9 am
- 10 am
- 11 am
- 12 am
- 1 pm
- 2 pm
- 3 pm
- 4 pm
- 5 pm
- 6 pm
- 7 pm
- 8 pm
- 9 pm

notas

*ero cuando tenga miedo,
ti pondré mi confianza».*

—LMO 56:3, NTV

OCTUBRE
sábado 24

OCTUBRE 2026

L	M	M	J	V	S
			1	2	3
5	6	7	8	9	10
12	13	14	15	16	17
19	20	21	22	23	24
26	27	28	29	30	31

PRIORIDADES

- 7 am
- 8 am
- 9 am
- 10 am
- 11 am
- 12 am
- 1 pm
- 2 pm
- 3 pm
- 4 pm
- 5 pm
- 6 pm
- 7 pm
- 8 pm
- 9 pm

notas

25 OCTUBRE
domingo

«Así que la fe viene como resultado de oír el mensaje y el mensaje que se oye es la palabra de Cristo».

ROMANOS 10:17

PRIORIDADES

OCTUBRE 2026

D	L	M	M	J	V
				1	2
4	5	6	7	8	9
11	12	13	14	15	16
18	19	20	21	22	23
25	26	27	28	29	30

7 am
8 am
9 am
10 am
11 am
12 am
1 pm
2 pm
3 pm
4 pm
5 pm
6 pm
7 pm
8 pm
9 pm

notas

«...s daré pastores conforme
...i corazón para que los guíen
... sabiduría y entendimiento».
...EMÍAS 3:15, NVI

OCTUBRE 26
lunes

OCTUBRE 2026

L	M	M	J	V	S
			1	2	3
5	6	7	8	9	10
12	13	14	15	16	17
19	20	21	22	23	24
26	27	28	29	30	31

PRIORIDADES

- 7 am
- 8 am
- 9 am
- 10 am
- 11 am
- 12 am
- 1 pm
- 2 pm
- 3 pm
- 4 pm
- 5 pm
- 6 pm
- 7 pm
- 8 pm
- 9 pm

notas

27 OCTUBRE
martes

«Incluso antes de haber hecho el mun[do,]
Dios nos amó y nos eligió en Cri[sto]
para que seamos santos e intacha[bles]
a sus ojo[s».]

EFESIOS 1:4,

PRIORIDADES

OCTUBRE 2026

D	L	M	M	J	V
				1	2
4	5	6	7	8	9
11	12	13	14	15	16
18	19	20	21	22	23
25	26	27	28	29	30

- 7 am
- 8 am
- 9 am
- 10 am
- 11 am
- 12 am
- 1 pm
- 2 pm
- 3 pm
- 4 pm
- 5 pm
- 6 pm
- 7 pm
- 8 pm
- 9 pm

notas

*ú guardarás en completa paz
quel cuyo pensamiento en ti
severa; porque en ti ha confiado».*

ÍAS 26:3, RVR60

OCTUBRE
miércoles

28

OCTUBRE 2026

L	M	M	J	V	S
			1	2	3
5	6	7	8	9	10
12	13	14	15	16	17
19	20	21	22	23	24
26	27	28	29	30	31

PRIORIDADES

- 7 am
- 8 am
- 9 am
- 10 am
- 11 am
- 12 am
- 1 pm
- 2 pm
- 3 pm
- 4 pm
- 5 pm
- 6 pm
- 7 pm
- 8 pm
- 9 pm

notas

29 OCTUBRE
jueves

> «No he venido a llam[ar]
> a justos, sino a pecado[res]
> al arrepentimient[o».]
>
> **LUCAS 5:32**, RVR

PRIORIDADES

....
....
....
....

OCTUBRE 2026

D	L	M	M	J	V	
				1	2	
4	5	6	7	8	9	
11	12	13	14	15	16	
18	19	20	21	22	23	
25	26	27	28	29	30	

- 7 am
- 8 am
- 9 am
- 10 am
- 11 am
- 12 am
- 1 pm
- 2 pm
- 3 pm
- 4 pm
- 5 pm
- 6 pm
- 7 pm
- 8 pm
- 9 pm

notas

«Cuando pases por las aguas, yo estaré contigo; y si por los ríos, no te anegarán. Cuando pases por el fuego, no te quemarás, ni la llama arderá en ti».

ISAÍAS 43:2, RVR60

OCTUBRE
viernes 30

OCTUBRE 2026

L	M	M	J	V	S
			1	2	3
5	6	7	8	9	10
12	13	14	15	16	17
19	20	21	22	23	24
26	27	28	29	30	31

PRIORIDADES

7 am
8 am
9 am
10 am
11 am
12 am
1 pm
2 pm
3 pm
4 pm
5 pm
6 pm
7 pm
8 pm
9 pm

notas

31 OCTUBRE
sábado

«Dado que has obedecido mi mandato perseverar, yo te protegeré del gran tiem de prueba que vendrá sobre el mundo ent para probar a los que pertenecen a este mund

APOCALIPSIS 3:10,

PRIORIDADES

OCTUBRE 2026

D	L	M	M	J	V
				1	2
4	5	6	7	8	9
11	12	13	14	15	16
18	19	20	21	22	23
25	26	27	28	29	30

- 7 am
- 8 am
- 9 am
- 10 am
- 11 am
- 12 am
- 1 pm
- 2 pm
- 3 pm
- 4 pm
- 5 pm
- 6 pm
- 7 pm
- 8 pm
- 9 pm

notas

NOVIEMBRE

«Sobre todas las cosas cuida tu corazón,
porque este determina el rumbo de tu vida».

PROVERBIOS 4:23, NTV

NOVIEMBRE
2026

DOMINGO	LUNES	MARTES	MIÉRCOLES
1	2	3	4
8	9	10	11
15	16	17	18
22	23	24	25
29	30		

NOVIEMBRE
2026

JUEVES	VIERNES	SÁBADO
5	6	7
12	13	14
19	20	21
26	27	28

notas

OCTUBRE 2026

D	L	M	M	J	V	S
				1	2	3
4	5	6	7	8	9	10
11	12	13	14	15	16	17
18	19	20	21	22	23	24
25	26	27	28	29	30	31

DICIEMBRE 2026

D	L	M	M	J	V	S
		1	2	3	4	5
6	7	8	9	10	11	12
13	14	15	16	17	18	19
20	21	22	23	24	25	26
27	28	29	30	31		

PLAN *mensual*

PRIORIDADES DEL MES

MOTIVOS DE ORACIÓN

PRESUPUESTO *mensual*

CUENTAS	FECHA	CANTIDAD	PAGO	BALANCE

«Los justos dan con generosidad».
SALMO 37:21, NTV

TOTAL

01 NOVIEMBRE
domingo

> «Otra vez Jesús les habló, dicien[do:]
> Yo soy la luz del mundo; el que [me]
> sigue, no andará en tinieblas, si[no]
> que tendrá la luz de la vid[a].»
>
> **JUAN 8:12**, RVR

PRIORIDADES

NOVIEMBRE 2026

D	L	M	M	J	V
1	2	3	4	5	6
8	9	10	11	12	13
15	16	17	18	19	20
22	23	24	25	26	27
29	30				

- 7 am
- 8 am
- 9 am
- 10 am
- 11 am
- 12 am
- 1 pm
- 2 pm
- 3 pm
- 4 pm
- 5 pm
- 6 pm
- 7 pm
- 8 pm
- 9 pm

notas

«*Sean agradecidos en toda circunstancia, pues esta es la voluntad de Dios para ustedes, los que pertenecen a Cristo Jesús».*

1 TESALONICENSES 5:18, NTV

NOVIEMBRE
lunes 02

NOVIEMBRE 2026

L	M	M	J	V	S
2	3	4	5	6	7
9	10	11	12	13	14
16	17	18	19	20	21
23	24	25	26	27	28
30					

PRIORIDADES

7 am
8 am
9 am
10 am
11 am
12 am
1 pm
2 pm
3 pm
4 pm
5 pm
6 pm
7 pm
8 pm
9 pm

notas

03 NOVIEMBRE
martes

> «Pongan todas sus preocupaciones y ansiedades en las manos de Dios, porque él cuida de ustedes».
>
> **1 PEDRO 5:7,**

PRIORIDADES

....
....
....
....

NOVIEMBRE 2020

D	L	M	M	J	V
1	2	3	4	5	6
8	9	10	11	12	13
15	16	17	18	19	20
22	23	24	25	26	27
29	30				

- 7 am
- 8 am
- 9 am
- 10 am
- 11 am
- 12 am
- 1 pm
- 2 pm
- 3 pm
- 4 pm
- 5 pm
- 6 pm
- 7 pm
- 8 pm
- 9 pm

notas

«...conozco que todo lo puedes, ...que no hay pensamiento que ...esconda de ti».

...B 42:2, RVR60

NOVIEMBRE
miércoles 04

NOVIEMBRE 2026

L	M	M	J	V	S	
2	3	4	5	6	7	
9	10	11	12	13	14	
16	17	18	19	20	21	
23	24	25	26	27	28	
30						

PRIORIDADES

- 7 am
- 8 am
- 9 am
- 10 am
- 11 am
- 12 am
- 1 pm
- 2 pm
- 3 pm
- 4 pm
- 5 pm
- 6 pm
- 7 pm
- 8 pm
- 9 pm

notas

05 NOVIEMBRE
jueves

«Por lo demás, hermanos m[íos,]
fortaleceos en el Se[ñor,]
y en el poder de su fuer[za.»]

EFESIOS 6:10, RV

PRIORIDADES

NOVIEMBRE 202[0]

D	L	M	M	J	V
1	2	3	4	5	6
8	9	10	11	12	13
15	16	17	18	19	20
22	23	24	25	26	27
29	30				

- 7 am
- 8 am
- 9 am
- 10 am
- 11 am
- 12 am
- 1 pm
- 2 pm
- 3 pm
- 4 pm
- 5 pm
- 6 pm
- 7 pm
- 8 pm
- 9 pm

notas

...dice el Señor y Dios, el Santo de
...el: "En el arrepentimiento y la calma
...su salvación, en la serenidad y la
...fianza está su fuerza"».

...AS 30:15, NVI

NOVIEMBRE
viernes
06

...OVIEMBRE 2026

L	M	M	J	V	S
2	3	4	5	6	7
9	10	11	12	13	14
16	17	18	19	20	21
23	24	25	26	27	28
30					

PRIORIDADES

....
....
....
....
....

am
am
am
am
am
am
pm
pm
pm
pm
pm
pm
pm
pm
pm

notas

07 NOVIEMBRE
sábado

> «Él da esfuerzo al cansado y multiplica las fuerzas al que no tiene ningunas».
>
> ISAÍAS 40:29, RVR

PRIORIDADES

NOVIEMBRE 2026

D	L	M	M	J	V
1	2	3	4	5	6
8	9	10	11	12	13
15	16	17	18	19	20
22	23	24	25	26	27
29	30				

- 7 am
- 8 am
- 9 am
- 10 am
- 11 am
- 12 am
- 1 pm
- 2 pm
- 3 pm
- 4 pm
- 5 pm
- 6 pm
- 7 pm
- 8 pm
- 9 pm

notas

nal de miel son las palabras
bles: endulzan la vida y dan
d al cuerpo».

VERBIOS 16:24, NVI

NOVIEMBRE 08
domingo

OVIEMBRE 2026

L	M	M	J	V	S	
	2	3	4	5	6	7
	9	10	11	12	13	14
	16	17	18	19	20	21
	23	24	25	26	27	28
	30					

PRIORIDADES

am
am
am
am
am
am
pm
pm
pm
pm
pm
pm
pm
pm
pm

notas

09 NOVIEMBRE
lunes

«Es mejor refugiarse en el SEÑOR
que confiar en gente poderosa»

SALMO 118:9

PRIORIDADES

NOVIEMBRE 202

D	L	M	M	J	V
1	2	3	4	5	6
8	9	10	11	12	13
15	16	17	18	19	20
22	23	24	25	26	27
29	30				

- 7 am
- 8 am
- 9 am
- 10 am
- 11 am
- 12 am
- 1 pm
- 2 pm
- 3 pm
- 4 pm
- 5 pm
- 6 pm
- 7 pm
- 8 pm
- 9 pm

notas

e alabo porque soy una
ación admirable!
s obras son maravillosas
sto lo sé muy bien!».

MO 139:14, NVI

NOVIEMBRE
martes 10

OVIEMBRE 2026

L	M	M	J	V	S
2	3	4	5	6	7
9	10	11	12	13	14
16	17	18	19	20	21
23	24	25	26	27	28
30					

PRIORIDADES

am
am
am
am
am
am
pm
pm
pm
pm
pm
pm
pm
pm
pm

notas

11 NOVIEMBRE
miércoles

> «Clama a mí, y yo te responderé, y te enseñaré cosas grandes y ocultas que tú no conoces».
>
> **JEREMÍAS 33:3**, RV

PRIORIDADES

NOVIEMBRE 2020

D	L	M	M	J	V
1	2	3	4	5	6
8	9	10	11	12	13
15	16	17	18	19	20
22	23	24	25	26	27
29	30				

- 7 am
- 8 am
- 9 am
- 10 am
- 11 am
- 12 am
- 1 pm
- 2 pm
- 3 pm
- 4 pm
- 5 pm
- 6 pm
- 7 pm
- 8 pm
- 9 pm

notas

os mostró el gran amor que tiene al enviar a Cristo a ir por nosotros cuando vía éramos pecadores».

ANOS 5:8, NTV

NOVIEMBRE
jueves 12

NOVIEMBRE 2026

L	M	M	J	V	S
2	3	4	5	6	7
9	10	11	12	13	14
16	17	18	19	20	21
23	24	25	26	27	28
30					

PRIORIDADES

am
am
am
am
am
am
pm
pm
pm
pm
pm
pm
pm
pm
pm

notas

13 NOVIEMBRE
viernes

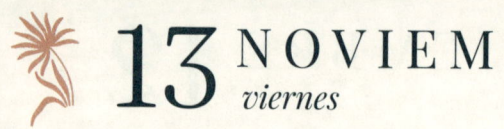

> «Aunque ande en valle de som[bra]
> de muerte, no temeré mal algu[no],
> porque tú estarás conmigo; tu va[ra y]
> tu cayado me infundirán alien[to]».
>
> **SALMO 23:4**, RV

PRIORIDADES

NOVIEMBRE 202[0]

D	L	M	M	J	V
1	2	3	4	5	6
8	9	10	11	12	13
15	16	17	18	19	20
22	23	24	25	26	27
29	30				

- 7 am
- 8 am
- 9 am
- 10 am
- 11 am
- 12 am
- 1 pm
- 2 pm
- 3 pm
- 4 pm
- 5 pm
- 6 pm
- 7 pm
- 8 pm
- 9 pm

notas

compensa de la humildad
l temor del Señor son las
ezas, la honra y la vida».

VERBIOS 22:4, NVI

NOVIEMBRE 14
sábado

OVIEMBRE 2026

L	M	M	J	V	S
2	3	4	5	6	7
9	10	11	12	13	14
16	17	18	19	20	21
23	24	25	26	27	28
30					

PRIORIDADES

am

am

am

) am

am

2 am

pm

pm

pm

pm

pm

pm

pm

pm

pm

notas

15 NOVIEMBRE
domingo

> «¿Qué te pide el Señor tu D[ios]
> Simplemente que le temas y a[ndes]
> en todos sus caminos, que lo a[mes]
> y le sirvas con todo tu coraz[ón]

DEUTERONOMIO 10:12

PRIORIDADES

NOVIEMBRE 202[5]

D	L	M	M	J	V
1	2	3	4	5	6
8	9	10	11	12	13
15	16	17	18	19	20
22	23	24	25	26	27
29	30				

- 7 am
- 8 am
- 9 am
- 10 am
- 11 am
- 12 am
- 1 pm
- 2 pm
- 3 pm
- 4 pm
- 5 pm
- 6 pm
- 7 pm
- 8 pm
- 9 pm

notas

ra bien, es evidente que por
y nadie es justificado delante
ios, porque "el justo vivirá
la fe"».

ATAS 3:11, NVI

NOVIEMBRE 16
lunes

NOVIEMBRE 2026

L	M	M	J	V	S
2	3	4	5	6	7
9	10	11	12	13	14
16	17	18	19	20	21
23	24	25	26	27	28
30					

PRIORIDADES

am
am
am
am
am
am
pm
pm
pm
pm
pm
pm
pm
pm
pm

notas

17 NOVIEMBRE
martes

> «Llámame cuando te[ngas]
> problemas, y yo te resca[taré,]
> y tú me darás la glo[ria]».
>
> **SALMO 50:1[5]**

PRIORIDADES

....
....
....

NOVIEMBRE 20[2]

D	L	M	M	J	V
1	2	3	4	5	6
8	9	10	11	12	13
15	16	17	18	19	20
22	23	24	25	26	27
29	30				

7 am
8 am
9 am
10 am
11 am
12 am
1 pm
2 pm
3 pm
4 pm
5 pm
6 pm
7 pm
8 pm
9 pm

notas

«...míllense, pues, bajo la poderosa
... de Dios para que él los exalte
a debido tiempo».

...DRO 5:6, NVI

NOVIEMBRE 18
miércoles

...OVIEMBRE 2026

L	M	M	J	V	S
2	3	4	5	6	7
9	10	11	12	13	14
16	17	18	19	20	21
23	24	25	26	27	28
30					

PRIORIDADES

notas

19 NOVIEMBRE
jueves

«Porque tú, Señor, eres bue[no] perdonador, y grande en miserico[rdia] para con todos los que te invoc[an]».

SALMO 86:5, RV[R]

PRIORIDADES

NOVIEMBRE 202[ ]

D	L	M	M	J	V	
1	2	3	4	5	6	
8	9	10	11	12	13	
15	16	17	18	19	20	
22	23	24	25	26	27	
29	30					

7 am
8 am
9 am
10 am
11 am
12 am
1 pm
2 pm
3 pm
4 pm
5 pm
6 pm
7 pm
8 pm
9 pm

notas

todo lo que hagan, de palabra o obra, háganlo en el nombre del Señor Jesús, dando gracias a Dios Padre por medio de él».

COLOSENSES 3:17, NVI

NOVIEMBRE
viernes 20

NOVIEMBRE 2026

L	M	M	J	V	S
2	3	4	5	6	7
9	10	11	12	13	14
16	17	18	19	20	21
23	24	25	26	27	28
30					

PRIORIDADES

- 7 am
- 8 am
- 9 am
- 10 am
- 11 am
- 12 am
- 1 pm
- 2 pm
- 3 pm
- 4 pm
- 5 pm
- 6 pm
- 7 pm
- 8 pm
- 9 pm

notas

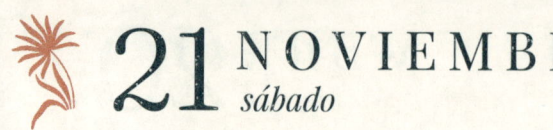
21 NOVIEMBRE
sábado

«Ahora bien, el Señor es Espíritu, y donde está el Espíritu del Señor, allí hay libertad»

2 CORINTIOS 3:17,

PRIORIDADES

NOVIEMBRE 2026

D	L	M	M	J	V
1	2	3	4	5	6
8	9	10	11	12	13
15	16	17	18	19	20
22	23	24	25	26	27
29	30				

- 7 am
- 8 am
- 9 am
- 10 am
- 11 am
- 12 am
- 1 pm
- 2 pm
- 3 pm
- 4 pm
- 5 pm
- 6 pm
- 7 pm
- 8 pm
- 9 pm

notas

e ti proceden la riqueza y el honor; lo gobiernas todo. En tus manos án la fuerza y el poder; y eres tú ien engrandece y fortalece a todos».

RÓNICAS 29:12, NVI

NOVIEMBRE
domingo 22

NOVIEMBRE 2026

L	M	M	J	V	S
2	3	4	5	6	7
9	10	11	12	13	14
16	17	18	19	20	21
23	24	25	26	27	28
30					

PRIORIDADES

7 am
8 am
9 am
10 am
11 am
12 am
1 pm
2 pm
3 pm
4 pm
5 pm
6 pm
7 pm
8 pm
9 pm

notas

23 NOVIEMBRE
lunes

> «Pero yo siempre tendré esperanza
> y más y más te alabaré»
>
> **SALMO 71:14**

PRIORIDADES

NOVIEMBRE 2020

D	L	M	M	J	V	S
1	2	3	4	5	6	
8	9	10	11	12	13	
15	16	17	18	19	20	
22	**23**	24	25	26	27	
29	30					

- 7 am
- 8 am
- 9 am
- 10 am
- 11 am
- 12 am
- 1 pm
- 2 pm
- 3 pm
- 4 pm
- 5 pm
- 6 pm
- 7 pm
- 8 pm
- 9 pm

notas

«Esta es la confianza que tenemos en él, que si pedimos alguna cosa conforme a su voluntad, él nos oye».

1 JAN 5:14, RVR60

NOVIEMBRE
martes 24

NOVIEMBRE 2026

L	M	M	J	V	S
2	3	4	5	6	7
9	10	11	12	13	14
16	17	18	19	20	21
23	24	25	26	27	28
30					

PRIORIDADES

....
....
....
....

7 am
8 am
9 am
10 am
11 am
12 am
1 pm
2 pm
3 pm
4 pm
5 pm
6 pm
7 pm
8 pm
9 pm

notas

25 NOVIEMBRE
miércoles

«Benditos son los que con[fían]
en el Señor y han hecho qu[e el]
Señor sea su espera[nza]
y confian[za].»

JEREMÍAS 17:7

PRIORIDADES

NOVIEMBRE 202[0]

D	L	M	M	J	V
1	2	3	4	5	6
8	9	10	11	12	13
15	16	17	18	19	20
22	23	24	25	26	27
29	30				

7 am
8 am
9 am
10 am
11 am
12 am
1 pm
2 pm
3 pm
4 pm
5 pm
6 pm
7 pm
8 pm
9 pm

notas

«Yo soy el Señor tu Dios, que
te enseña lo que te conviene,
que te guía por el camino en
que debes andar».

ISAÍAS 48:17, NVI

NOVIEMBRE 26
jueves

NOVIEMBRE 2026

L	M	M	J	V	S	D
						1
2	3	4	5	6	7	8
9	10	11	12	13	14	15
16	17	18	19	20	21	22
23	24	25	**26**	27	28	29
30						

PRIORIDADES

- 7 am
- 8 am
- 9 am
- 10 am
- 11 am
- 12 am
- 1 pm
- 2 pm
- 3 pm
- 4 pm
- 5 pm
- 6 pm
- 7 pm
- 8 pm
- 9 pm

notas

27 NOVIEMBRE
viernes

«Arraigados y edificados en
confirmados en la fe como se
enseñó y llenos de gratitu

COLOSENSES 2:7

PRIORIDADES

NOVIEMBRE 2020

D	L	M	M	J	V	
1	2	3	4	5	6	
8	9	10	11	12	13	
15	16	17	18	19	20	
22	23	24	25	26	27	
29	30					

7 am
8 am
9 am
10 am
11 am
12 am
1 pm
2 pm
3 pm
4 pm
5 pm
6 pm
7 pm
8 pm
9 pm

notas

«...or la fe entendemos que el universo ...formado por la palabra de Dios, ...modo que lo visible no provino ...lo que se ve».

...BREOS 11:3, NVI

NOVIEMBRE 28
sábado

NOVIEMBRE 2026

L	M	M	J	V	S
2	3	4	5	6	7
9	10	11	12	13	14
16	17	18	19	20	21
23	24	25	26	27	28
30					

PRIORIDADES

- 7 am
- 8 am
- 9 am
- 10 am
- 11 am
- 12 am
- 1 pm
- 2 pm
- 3 pm
- 4 pm
- 5 pm
- 6 pm
- 7 pm
- 8 pm
- 9 pm

notas

29 NOVIEMBRE
domingo

«Jesús respondió: "Pero aún m
bendito es todo el que escuc
la palabra de Dios y la po
en práctica

LUCAS 11:28,

PRIORIDADES

NOVIEMBRE 2026

D	L	M	M	J	V	
1	2	3	4	5	6	
8	9	10	11	12	13	1
15	16	17	18	19	20	2
22	23	24	25	26	27	2
29	30					

7 am
8 am
9 am
10 am
11 am
12 am
1 pm
2 pm
3 pm
4 pm
5 pm
6 pm
7 pm
8 pm
9 pm

notas

«...ea en mí, oh Dios, un ...azón limpio y renueva ...espíritu firme dentro de mí».

...MO 51:10, NVI

NOVIEMBRE
lunes **30**

NOVIEMBRE 2026

L	M	M	J	V	S
2	3	4	5	6	7
9	10	11	12	13	14
16	17	18	19	20	21
23	24	25	26	27	28
30					

PRIORIDADES

- 7 am
- 8 am
- 9 am
- 10 am
- 11 am
- 12 am
- 1 pm
- 2 pm
- 3 pm
- 4 pm
- 5 pm
- 6 pm
- 7 pm
- 8 pm
- 9 pm

notas

notas

DICIEMBRE

«Nosotros le amamos a él,
porque él nos amó primero».

1 JUAN 4:19, RVR60

DICIEMBRE 2026

DOMINGO	LUNES	MARTES	MIÉRCOLES
		1	2
6	7	8	9
13	14	15	16
20	21	22	23
27	28	29	30

DICIEMBRE 2026

JUEVES	VIERNES	SÁBADO
	4	5
	11	12
	18	19
	25	26
31		

notas

NOVIEMBRE 2026

D	L	M	M	J	V	S
1	2	3	4	5	6	7
8	9	10	11	12	13	14
15	16	17	18	19	20	21
22	23	24	25	26	27	28
29	30					

ENERO 2027

D	L	M	M	J	V	S
					1	2
3	4	5	6	7	8	9
10	11	12	13	14	15	16
17	18	19	20	21	22	23
24	25	26	27	28	29	30
31						

PLAN *mensual*

PRIORIDADES DEL MES

MOTIVOS DE ORACIÓN

PRESUPUESTO *mensual*

CUENTAS	FECHA	CANTIDAD	PAGO	BALANCE

«Abrirá el Señor para ti su buen tesoro».
DEUTERONOMIO 28:12, LBLA

TOTAL

01 DICIEMBRE
martes

> «Dios envió a su Hijo, nacido de mujer, nacido bajo la Ley, para rescatar a los que estaban bajo la Ley, a fin de que fuéramos adoptados como hijos».
>
> **GÁLATAS 4:4-5**

PRIORIDADES

DICIEMBRE 2020

D	L	M	M	J	V
		1	2	3	4
6	7	8	9	10	11
13	14	15	16	17	18
20	21	22	23	24	25
27	28	29	30	31	

- 7 am
- 8 am
- 9 am
- 10 am
- 11 am
- 12 am
- 1 pm
- 2 pm
- 3 pm
- 4 pm
- 5 pm
- 6 pm
- 7 pm
- 8 pm
- 9 pm

notas

«...que tu amor inagotable nos rodee, Señor, porque solo en ti está nuestra esperanza».

SALMO 33:22, NTV

DICIEMBRE 02
miércoles

DICIEMBRE 2026

L	M	M	J	V	S
	1	2	3	4	5
7	8	9	10	11	12
14	15	16	17	18	19
21	22	23	24	25	26
28	29	30	31		

PRIORIDADES

- 7 am
- 8 am
- 9 am
- 10 am
- 11 am
- 12 am
- 1 pm
- 2 pm
- 3 pm
- 4 pm
- 5 pm
- 6 pm
- 7 pm
- 8 pm
- 9 pm

notas

03 DICIEMBRE
jueves

«El Señor está conmigo como un guerrero poderoso; por eso los que me persiguen caerán y no podrán prevalecer».

JEREMÍAS 20:11

PRIORIDADES

DICIEMBRE 2020

D	L	M	M	J	V
		1	2	3	4
6	7	8	9	10	11
13	14	15	16	17	18
20	21	22	23	24	25
27	28	29	30	31	

- 7 am
- 8 am
- 9 am
- 10 am
- 11 am
- 12 am
- 1 pm
- 2 pm
- 3 pm
- 4 pm
- 5 pm
- 6 pm
- 7 pm
- 8 pm
- 9 pm

notas

«Señor es mi roca, mi fortaleza
mi salvador; mi Dios es mi roca,
quien encuentro protección».

SALMO 18:2, NTV

DICIEMBRE 04
viernes

DICIEMBRE 2026

L	M	M	J	V	S
	1	2	3	4	5
7	8	9	10	11	12
14	15	16	17	18	19
21	22	23	24	25	26
28	29	30	31		

PRIORIDADES

7 am
8 am
9 am
10 am
11 am
12 am
1 pm
2 pm
3 pm
4 pm
5 pm
6 pm
7 pm
8 pm
9 pm

notas

05 DICIEMBRE
sábado

> «El Señor ayuda a los ca[ídos]
> y levanta a los que es[tán]
> agobiados por sus carg[as».]
>
> **SALMO 145:14**

PRIORIDADES

....
....
....
....

DICIEMBRE 2020

D	L	M	M	J	V
		1	2	3	4
6	7	8	9	10	11
13	14	15	16	17	18
20	21	22	23	24	25
27	28	29	30	31	

7 am
8 am
9 am
10 am
11 am
12 am
1 pm
2 pm
3 pm
4 pm
5 pm
6 pm
7 pm
8 pm
9 pm

notas

*dejen que el mal los venza,
bien venzan el mal
iendo el bien».*

MANOS 12:21, NTV

DICIEMBRE 06
domingo

DICIEMBRE 2026

L	M	M	J	V	S
	1	2	3	4	5
7	8	9	10	11	12
14	15	16	17	18	19
21	22	23	24	25	26
28	29	30	31		

PRIORIDADES

- 7 am
- 8 am
- 9 am
- 10 am
- 11 am
- 12 am
- 1 pm
- 2 pm
- 3 pm
- 4 pm
- 5 pm
- 6 pm
- 7 pm
- 8 pm
- 9 pm

notas

07 DICIEMBRE
lunes

«Tú eres mi escondite y mi escudo; en tu palabra he puesto mi esperanza»

SALMO 119:114

PRIORIDADES

DICIEMBRE 2026

D	L	M	M	J	V	S
		1	2	3	4	
6	7	8	9	10	11	
13	14	15	16	17	18	
20	21	22	23	24	25	
27	28	29	30	31		

- 7 am
- 8 am
- 9 am
- 10 am
- 11 am
- 12 am
- 1 pm
- 2 pm
- 3 pm
- 4 pm
- 5 pm
- 6 pm
- 7 pm
- 8 pm
- 9 pm

notas

El Señor se mantiene lejos de los impíos, pero escucha las oraciones de los justos».

PROVERBIOS 15:29, NVI

DICIEMBRE 08
martes

DICIEMBRE 2026

L	M	M	J	V	S	
	1	2	3	4	5	
7	8	9	10	11	12	
14	15	16	17	18	19	
21	22	23	24	25	26	
28	29	30	31			

PRIORIDADES

- 7 am
- 8 am
- 9 am
- 10 am
- 11 am
- 12 am
- 1 pm
- 2 pm
- 3 pm
- 4 pm
- 5 pm
- 6 pm
- 7 pm
- 8 pm
- 9 pm

notas

09 DICIEMBRE
miércoles

«Así que, ¡sean fuertes y valien[tes]
ustedes los que pone[n su]
esperanza en el Seño[r]»

SALMO 31:24,

PRIORIDADES

DICIEMBRE 2026

D	L	M	M	J	V
		1	2	3	4
6	7	8	9	10	11
13	14	15	16	17	
20	21	22	23	24	25
27	28	29	30	31	

7 am
8 am
9 am
10 am
11 am
12 am
1 pm
2 pm
3 pm
4 pm
5 pm
6 pm
7 pm
8 pm
9 pm

notas

*...os, quien comenzó la buena obra
 ...ustedes, la continuará hasta que
 ...de completamente terminada el
 ...que Cristo Jesús vuelva».*

...PENSES 1:6, NTV

DICIEMBRE
jueves 10

DICIEMBRE 2026

L	M	M	J	V	S
	1	2	3	4	5
7	8	9	10	11	12
14	15	16	17	18	19
21	22	23	24	25	26
28	29	30	31		

PRIORIDADES

- 7 am
- 8 am
- 9 am
- 10 am
- 11 am
- 12 am
- 1 pm
- 2 pm
- 3 pm
- 4 pm
- 5 pm
- 6 pm
- 7 pm
- 8 pm
- 9 pm

notas

11 DICIEMBRE
viernes

«Le dijo Jesús: Yo soy la resurrecci[ón] y la vida; el que cree en [mí], aunque esté muerto, vivir[á]».

JUAN 11:25, RVR

PRIORIDADES

DICIEMBRE 2026

D	L	M	M	J	V	S
		1	2	3	4	5
6	7	8	9	10	11	12
13	14	15	16	17	18	19
20	21	22	23	24	25	26
27	28	29	30	31		

7 am
8 am
9 am
10 am
11 am
12 am
1 pm
2 pm
3 pm
4 pm
5 pm
6 pm
7 pm
8 pm
9 pm

notas

«Si tu don es servir a otros, sírvelos bien. Si eres maestro, enseña bien».

ROMANOS 12:7, NTV

DICIEMBRE
sábado
12

DICIEMBRE 2026

L	M	M	J	V	S
	1	2	3	4	5
7	8	9	10	11	12
14	15	16	17	18	19
21	22	23	24	25	26
28	29	30	31		

PRIORIDADES

....
....
....
....

7 am
8 am
9 am
10 am
11 am
12 am
1 pm
2 pm
3 pm
4 pm
5 pm
6 pm
7 pm
8 pm
9 pm

notas

13 DICIEMBRE
domingo

«Con paciencia esperé que el Señor me ayudara, y él se fijó en mí y oyó mi clamor

SALMO 40:1

PRIORIDADES

DICIEMBRE 2026

D	L	M	M	J	V	S
		1	2	3	4	5
6	7	8	9	10	11	12
13	14	15	16	17	18	19
20	21	22	23	24	25	26
27	28	29	30	31		

- 7 am
- 8 am
- 9 am
- 10 am
- 11 am
- 12 am
- 1 pm
- 2 pm
- 3 pm
- 4 pm
- 5 pm
- 6 pm
- 7 pm
- 8 pm
- 9 pm

notas

«Espero al Señor, lo espero con toda el alma; en su palabra he puesto mi esperanza».

SALMO 130:5, NVI

DICIEMBRE
lunes 14

DICIEMBRE 2026

D	L	M	M	J	V	S
		1	2	3	4	5
6	7	8	9	10	11	12
13	14	15	16	17	18	19
20	21	22	23	24	25	26
27	28	29	30	31		

PRIORIDADES

7 am
8 am
9 am
10 am
11 am
12 am
1 pm
2 pm
3 pm
4 pm
5 pm
6 pm
7 pm
8 pm
9 pm

notas

15 DICIEMBRE
martes

«Recita siempre el libro de la L
y medita en él de día y de noc
cumple con cuidado todo lo que en él e
escrito. Así prosperarás y tendrás éxit

JOSUÉ 1:8,

PRIORIDADES

DICIEMBRE 2026

D	L	M	M	J	V	
		1	2	3	4	
6	7	8	9	10	11	
13	14	**15**	16	17	18	
20	21	22	23	24	25	
27	28	29	30	31		

- 7 am
- 8 am
- 9 am
- 10 am
- 11 am
- 12 am
- 1 pm
- 2 pm
- 3 pm
- 4 pm
- 5 pm
- 6 pm
- 7 pm
- 8 pm
- 9 pm

notas

«Dichoso quien pone su confianza en el Señor y no recurre a los soberbios ni a los que se pierden tras la mentira».

SALMO 40:4, NVI

DICIEMBRE
miércoles 16

DICIEMBRE 2026

L	M	M	J	V	S
	1	2	3	4	5
7	8	9	10	11	12
14	15	16	17	18	19
21	22	23	24	25	26
28	29	30	31		

PRIORIDADES

- 7 am
- 8 am
- 9 am
- 10 am
- 11 am
- 12 am
- 1 pm
- 2 pm
- 3 pm
- 4 pm
- 5 pm
- 6 pm
- 7 pm
- 8 pm
- 9 pm

notas

17 DICIEMBRE
jueves

> «Jehová ama la rectitud, y
> desampara a sus santos. Para siemp[re]
> serán guardados; mas la descendenc[ia]
> de los impíos será destruida[»].
>
> **SALMO 37:28**, RVR6[0]

PRIORIDADES

....
....
....
....

DICIEMBRE 2026

D	L	M	M	J	V	S
		1	2	3	4	5
6	7	8	9	10	11	12
13	14	15	16	17	18	19
20	21	22	23	24	25	26
27	28	29	30	31		

- 7 am
- 8 am
- 9 am
- 10 am
- 11 am
- 12 am
- 1 pm
- 2 pm
- 3 pm
- 4 pm
- 5 pm
- 6 pm
- 7 pm
- 8 pm
- 9 pm

notas

«He aquí que yo les traeré sanidad y medicina; y los curaré, y les revelaré abundancia de paz y de verdad».

JEREMÍAS 33:6, RVR60

DICIEMBRE
viernes 18

DICIEMBRE 2026

D	L	M	M	J	V	S
		1	2	3	4	5
6	7	8	9	10	11	12
13	14	15	16	17	18	19
20	21	22	23	24	25	26
27	28	29	30	31		

PRIORIDADES

- 7 am
- 8 am
- 9 am
- 10 am
- 11 am
- 12 am
- 1 pm
- 2 pm
- 3 pm
- 4 pm
- 5 pm
- 6 pm
- 7 pm
- 8 pm
- 9 pm

notas

19 DICIEMBRE
sábado

«Pues no me avergüenzo de
Buena Noticia acerca de Cris
porque es poder de Dios en acci
para salvar a todos los que creer

ROMANOS 1:16,

PRIORIDADES

DICIEMBRE 2026

D	L	M	M	J	V	
		1	2	3	4	
6	7	8	9	10	11	
13	14	15	16	17	18	
20	21	22	23	24	25	
27	28	29	30	31		

- 7 am
- 8 am
- 9 am
- 10 am
- 11 am
- 12 am
- 1 pm
- 2 pm
- 3 pm
- 4 pm
- 5 pm
- 6 pm
- 7 pm
- 8 pm
- 9 pm

notas

«Aunque el buen consejo esté en lo profundo del corazón, la persona con entendimiento lo extraerá».

PROVERBIOS 20:5, NTV

DICIEMBRE 20
domingo

DICIEMBRE 2026

L	M	M	J	V	S	D
	1	2	3	4	5	
7	8	9	10	11	12	
13	14	15	16	17	18	19
20	21	22	23	24	25	26
27	28	29	30	31		

PRIORIDADES

7 am
8 am
9 am
10 am
11 am
12 am
1 pm
2 pm
3 pm
4 pm
5 pm
6 pm
7 pm
8 pm
9 pm

notas

21 DICIEMBRE
lunes

«Así que no temas, porque yo estoy contigo; no te angusties, porque soy tu Dios. Te fortaleceré y te ayudaré; te sostendré con la diestra de mi justicia».

ISAÍAS 41:10

PRIORIDADES

DICIEMBRE 2026

D	L	M	M	J	V	S
		1	2	3	4	
6	7	8	9	10	11	
13	14	15	16	17	18	
20	21	22	23	24	25	
27	28	29	30	31		

7 am
8 am
9 am
10 am
11 am
12 am
1 pm
2 pm
3 pm
4 pm
5 pm
6 pm
7 pm
8 pm
9 pm

notas

«Toda palabra de Dios es limpia;
Él es escudo a los que en él esperan».

PROVERBIOS 30:5, RVR60

DICIEMBRE
martes 22

DICIEMBRE 2026

L	M	M	J	V	S
	1	2	3	4	5
7	8	9	10	11	12
14	15	16	17	18	19
21	22	23	24	25	26
28	29	30	31		

PRIORIDADES

7 am
8 am
9 am
10 am
11 am
12 am
1 pm
2 pm
3 pm
4 pm
5 pm
6 pm
7 pm
8 pm
9 pm

notas

23 DICIEMBRE
miércoles

«Señor, hazme conocer tus camin
y enséñame tus sendas. Encamína
en tu verdad. Y enséñame, porc
tú eres mi Dios y mi salvació

SALMO 25:4-5,

PRIORIDADES

DICIEMBRE 2026

D	L	M	M	J	V
		1	2	3	4
6	7	8	9	10	11
13	14	15	16	17	18
20	21	22	23	24	25
27	28	29	30	31	

7 am
8 am
9 am
10 am
11 am
12 am
1 pm
2 pm
3 pm
4 pm
5 pm
6 pm
7 pm
8 pm
9 pm

notas

«Escucha el consejo, y recibe corrección, para que seas sabio en tu vejez».

PROVERBIOS 19:20, RVR60

DICIEMBRE 24
jueves

DICIEMBRE 2026

L	M	M	J	V	S
	1	2	3	4	5
7	8	9	10	11	12
14	15	16	17	18	19
21	22	23	24	25	26
28	29	30	31		

PRIORIDADES

- 7 am
- 8 am
- 9 am
- 10 am
- 11 am
- 12 am
- 1 pm
- 2 pm
- 3 pm
- 4 pm
- 5 pm
- 6 pm
- 7 pm
- 8 pm
- 9 pm

notas

25 DICIEMBRE
viernes

«Hoy ha nacido en la Ciu[dad]
de David un Salva[dor]
que es Cristo el Seño[r]».

LUCAS 2:11

PRIORIDADES

DICIEMBRE 2020

D	L	M	M	J	V
		1	2	3	4
6	7	8	9	10	11
13	14	15	16	17	18
20	21	22	23	24	**25**
27	28	29	30	31	

- 7 am
- 8 am
- 9 am
- 10 am
- 11 am
- 12 am
- 1 pm
- 2 pm
- 3 pm
- 4 pm
- 5 pm
- 6 pm
- 7 pm
- 8 pm
- 9 pm

notas

ıs el que persevere hasta el fin,
será salvo».

TEO 24:13, RVR60

DICIEMBRE 26
sábado

ICIEMBRE 2026

L	M	M	J	V	S
	1	2	3	4	5
7	8	9	10	11	12
14	15	16	17	18	19
21	22	23	24	25	26
28	29	30	31		

PRIORIDADES

am
am
am
) am
1 am
2 am
pm
2 pm
pm
pm
5 pm
5 pm
7 pm
3 pm
9 pm

notas

27 DICIEMBRE
domingo

> «Él se entregó por nosotros p[ara] rescatarnos de toda malda[d y] purificar para sí un pueblo elegi[do,] dedicado a hacer el bie[n».]
>
> **TITO 2:14**

PRIORIDADES

DICIEMBRE 2026

D	L	M	M	J	V	
		1	2	3	4	
6	7	8	9	10	11	
13	14	15	16	17	18	
20	21	22	23	24	25	
27	28	29	30	31		

- 7 am
- 8 am
- 9 am
- 10 am
- 11 am
- 12 am
- 1 pm
- 2 pm
- 3 pm
- 4 pm
- 5 pm
- 6 pm
- 7 pm
- 8 pm
- 9 pm

notas

«corazón alegre hermosea
 rostro; mas por el dolor del
 corazón el espíritu se abate».

PROVERBIOS 15:13, RVR60

DICIEMBRE 28
lunes

DICIEMBRE 2026

L	M	M	J	V	S
	1	2	3	4	5
7	8	9	10	11	12
14	15	16	17	18	19
21	22	23	24	25	26
28	29	30	31		

PRIORIDADES

7 am
8 am
9 am
10 am
11 am
12 am
1 pm
2 pm
3 pm
4 pm
5 pm
6 pm
7 pm
8 pm
9 pm

notas

29 DICIEMBRE
martes

«Entonces claman a Jehová
en su angustia, y los libra
de sus aflicciones».

SALMO 107:28, RVR

PRIORIDADES

....
....
....
....

DICIEMBRE 2026

D	L	M	M	J	V
		1	2	3	4
6	7	8	9	10	11
13	14	15	16	17	18
20	21	22	23	24	25
27	28	29	30	31	

7 am
8 am
9 am
10 am
11 am
12 am
1 pm
2 pm
3 pm
4 pm
5 pm
6 pm
7 pm
8 pm
9 pm

notas

Así dice el Señor de los Ejércitos, Dios de Israel: "Corrijan su conducta y sus acciones y yo los dejaré vivir en este lugar"».

JEREMÍAS 7:3, NVI

DICIEMBRE 30
miércoles

DICIEMBRE 2026

L	M	M	J	V	S	D
	1	2	3	4	5	
7	8	9	10	11	12	
14	15	16	17	18	19	
21	22	23	24	25	26	
28	29	30	31			

PRIORIDADES

- 7 am
- 8 am
- 9 am
- 10 am
- 11 am
- 12 am
- 1 pm
- 2 pm
- 3 pm
- 4 pm
- 5 pm
- 6 pm
- 7 pm
- 8 pm
- 9 pm

notas

31 DICIEMBRE
jueves

> «Cuentas con una espera futura, la cual no será destrui‹
>
> **PROVERBIOS 23:18**

PRIORIDADES

DICIEMBRE 202‹

D	L	M	M	J	V
		1	2	3	4
6	7	8	9	10	11
13	14	15	16	17	18
20	21	22	23	24	25
27	28	29	30	31	

- 7 am
- 8 am
- 9 am
- 10 am
- 11 am
- 12 am
- 1 pm
- 2 pm
- 3 pm
- 4 pm
- 5 pm
- 6 pm
- 7 pm
- 8 pm
- 9 pm

notas

MOTIVOS PARA
agradecer

«Te daré gracias, Señor mi Dios, con todo mi corazón,
y glorificaré tu nombre para siempre».

SALMO 86:12, LBLA